10 Jahre InKontakt gestaltinstitut berlin

2025: 10 JAHRE
INKONTAKT GESTALTINSTITUT BERLIN
Tagung vom 20. bis 22. Juni

Der Tagungreader
herausgegeben von **Gabriele Blankertz**

Verlag: BoD · Books on Demand GmbH,
Überseering 33, 22297 Hamburg, bod@bod.de
Druck: Libri Plureos GmbH,
Friedensallee 273, 22763 Hamburg
© 2025 bei den Autoren und Künstlern
Cover unter Verwendung
eines Fotos von Matthias Nachtschatt, 2025
ISBN 978-3-8192-3053-0

INHALT

VORTRÄGE DEUTSCH

10 JAHRE INKONTAKT GESTALTINSTITUT BERLIN

Gabriele Blankertz

Nach einem Jahrzehnt ist es an der Zeit, innezuhalten und zu würdigen, was im InKontakt Gestaltinstitut Berlin entstanden ist. Diese Institution wurde von der Vision getragen, einen Ort für persönliche Entwicklung und seelisches Wachstum zu schaffen, wo die Begegnung mit dem Anderen als heilender Moment gepflegt wird. Dabei wird Raum für Verschiedenheit, Individualität und das eigene So-Sein in einer Atmosphäre der Wertschätzung geboten. So konnte sich in diesen 10 Jahren ein schöpferisches, kreatives Feld entwickeln, das zum Experimentieren einlädt und wo Widersprüchliches und Unfertiges ebenfalls ihren Platz finden.

Das Institut ließ sich von den Gründern der Gestalttherapie und deren Nachfolgern inspirieren. Sowohl was ihre theoretischen wie Praxis bezogenen Schriften anbelangt, greifen wir auf sie zurück und prüfen sie an unserer Gegenwart. Wie Laura Perls so schön sagt, geht es im Gestalt-Lernprozess um das «Durch-Kauen» und nicht einfach ums Schlucken von Inhalten oder Vorstellungen. Die eigene Wahrnehmung und die eigenen Bedürfnisse und Interessen sollen ernst genommen werden, anstatt sich einem vermeintlichen Anpassungsdruck an die Erwartungen anderer zu beugen. Diese Haltung ist fundamental, damit echter Kontakt möglich wird, wie es auch im Gestaltgebet von Fritz Perls zum Ausdruck kommt: «Ich bin ich und Du bist Du ...».

Interessierte sind eingeladen, das Institut zu besuchen und etwas zu finden, das sie nährt und bereichert. Neugier und Lust am Experimentieren sind die treibenden Kräfte, die immer wieder neue Formate und deren Weiterentwicklung vorantreiben. Das so geschaffene kreative Feld lebt und wird durch die Menschen belebt, die sich als Kollegen oder Teilnehmende einbringen. Es ist ein offener, lebendiger Prozess des Voranschreitens, ohne fixierte, eingefrorene Formen. Stattdessen gibt es genau so viel Form und Struktur, dass Inhalte einen guten Rahmen und Teilnehmende Halt für ihre Prozesse finden.

Ich sehe das Institut als einen lebendigen Organismus in einem gesellschaftlichen Feld, das uns vor immer wieder neue Herausforderungen stellt. Zu diesen Herausforderungen gehört beispielsweise, dass die Gestalttherapie in Deutschland nicht für die Krankenkassen zugelassen wurde. Als dies 1999 mit dem Psychotherapeutengesetz in einem zweifelhaften Verfahren so entschieden wurde, war klar, dass die Gestalttherapie in Deutschland für ihr Weiterbestehen und ihre Weiterentwicklung auf die Kreativität und Initiative derer angewiesen sein würde, die den Wert dieses besonderen Verfahrens verstanden hatten. Inzwischen profitieren wir auch von den Erfahrungen und Forschungsergebnissen aus anderen Ländern. Gleichzeitig sehe ich den Vorteil, nicht Teil des Kassensystems zu sein, ganz klar in der größeren Freiheit, lebendige Prozesse zu befördern und dafür geeignete Settings zu schaffen. Für die Ausbildung bedeutet es, dass Menschen mit sehr unterschiedlichem beruflichem Hintergrund – also nicht eingeschränkt auf Psychologen und Ärzte – viel eher die Vielfalt an Lebensumständen und Herausforderungen widerspiegeln, in denen sich auch Klienten befinden. So gesehen schöpfen wir aus dem Reichtum einer derart diversen Gruppe für das praxisbezogene Lernen und die Gruppen-Selbsterfahrung, wie es in einer homogenen Gruppe kaum möglich wäre.

In die Zeit der Gründung des Instituts fiel auch die Flüchtlingskrise infolge des Bürgerkriegs in Syrien. Auch wenn klar war, dass Geflüchtete sich in erster Linie an offizielle Einrichtungen der Versorgung wenden würden, war mein Interesse zu verstehen, welche Geschichten und Erfahrungen diese nach Deutschland mitbrachten und was ich möglicherweise als

Gabriele Blankertz

Gestalttherapeutin anbieten konnte. Mein Beitrag zur Unterstützung war der Aufbau eines Gruppenprojektes für syrische Frauen «Circle of Peace» – eine Trauma-Gesprächsgruppe für arabische Frauen. Für dieses Projekt benötigte ich eine «Brückenbauerin» mit Sprach- und Kulturkenntnis, die ich in Arwa Azzouz fand.

Dieses Projekt wird inzwischen von einer ehemaligen Teilnehmerin geleitet, die am Institut selbst in Gestalttherapie ausgebildet wurde. In den Folgejahren entwickelten wir in cokreativen Prozessen einjährige Weiterbildungen für geflüchtete Menschen aus Syrien zur Bearbeitung ihrer Flucht- und Migrationserfahrungen und zur persönlichen Entwicklung. Auf Basis dieser erfolgreichen Angebote initiierte ich 2023 die Gründung eines Vereins zur Unterstützung von psychologischer Weiterbildung für Gestalt-Beratung und -therapie. Eine erste 4-jährige Ausbildung in Gestalttherapie hat im Mai 2024 in Kooperation mit dem syrischen Gestalt-Kollegen und ehemaligen Professor für Psychologie Dr. Mouta Barakat gestartet.

So ist die Tagung anlässlich von 10 Jahren InKontakt auch eine Würdigung der dieser Zusammenarbeit mit Menschen aus Syrien und ganz besonders von Rawaa Alsamman, die unendlich viele ehrenamtliche Stunden in der Unterstützung von Gruppen verbracht hat, und von Arwa Azzouz, mit der ich die Projekte gestartet habe und die die Vision eines freien Syriens, wo unsere Arbeit in einem Gestaltinstitut in Damaskus fortgesetzt werden könnte, nie aufgegeben hat. Heute ist dies nicht mehr so fern wie damals. Wir bilden Gestalttherapeuten aus Syrien und vielen anderen Ländern aus.

Eine umfängliche Gestaltausbildung zu durchlaufen ist nicht nur individuell bereichernd mit einer beruflichen Perspektive am Ende, sondern schafft auch die Feldbedingungen, die wir für friedenstiftendes Handeln brauchen. So gesehen ist eine Gestaltausbildung am InKontakt ein Labor für friedenstiftende Prozesse.

Anlässlich dieses Jubiläums haben wir ein Programm zusammengestellt, das sich mit herausfordernden Themen auseinandersetzt und für Dialog und Resonanz Raum anbietet. Künstlerische Darbietungen rahmen das Programm.

In Workshops, Vorträge und Diskussionsrunden bieten wir Raum für Austausch und gemeinsames Lernen. Wir laden alle Interessierten herzlich ein, an dieser besonderen Veranstaltung teilzunehmen und gemeinsam mit uns das zehnjährige Bestehen des InKontakt Gestaltinstituts Berlin zu feiern.

Gabriele Blankertz

Mouta Barakat

MEIN WEG ALS PSYCHOTHERAPEUT
UNTER DIKTATORISCHER HERRSCHAFT[1]

Einleitung

Das Leben unter einem autoritären Regime durchdringt alle
Bereiche des Alltags und verankert Angst, Schweigen und
seelisches Trauma tief in der Gesellschaft. Dieser Text ist ein
persönlicher Erfahrungsbericht über meinen Weg als Psychotherapeut, geprägt von den Einschränkungen, Gefahren und
ethischen Herausforderungen, psychologische Unterstützung
in einem von Unterdrückung geprägten System zu leisten. Die
Erfahrung reicht von Kindheitserinnerungen an politische Gewalt bis hin zu beruflichen Herausforderungen in Therapie,
Bildung und Exil – und macht dabei die komplexe Beziehung
zwischen psychischer Gesundheit und Diktatur sichtbar, in
der selbst das bloße Überleben zum seelischen Kampf wird.

In diesem knappen Bericht möchte ich meine persönliche
Erfahrung jenseits abstrakter akademischer Diskurse teilen.
Ich werde zentrale Momente hervorheben, die mein professio-
nelles und politisches Bewusstsein geprägt haben, ohne Vergleiche zu anderen Erfahrungen zu ziehen, sei es in Syrien oder
in anderen Ländern unter autoritärer Herrschaft. Solche
Vergleiche wären eher Gegenstand zukünftiger Auseinander-
setzungen.

---

1   Geschrieben in Englisch und Arabisch. Ins Deutsche über-
    setzt von Yasemin Oruc. Die arabische Version der Rede ist
    beim Institut in Kopie erhältlich.

Anfänge: Die Angst, die uns seit der Kindheit begleitet

Noch bevor ich Psychotherapeut wurde, war mir bereits als Kind bewusst, dass die Angst vor der Polizei und dem Geheimdienst keine vorübergehende Emotion, sondern eine dauerhafte Realität war. Das Gesetz war keine Quelle des Schutzes, sondern eine ständige Bedrohung. Wir wussten, dass Menschen spurlos verschwinden konnten, ohne dass irgendjemand sie retten konnte – tatsächlich waren mehrere meiner Angehörigen bereits verschwunden. Als ich mich darauf vorbereitete, die Universität zu besuchen, war mir völlig bewusst, dass ich jederzeit verhaftet werden konnte, nicht aus einem konkreten Grund, sondern allein wegen meiner sozialen und religiösen Herkunft und weil meine Familie dem herrschenden Regime nicht nahestand. Viele Menschen in meinem Alter und aus meiner Nachbarschaft lebten mit derselben Angst.

Kindheitserinnerungen geprägt von Angst und Schweigen

Ich erinnere mich lebhaft daran, wie mein Vater es vermied, sich zu den Geräuschen der Gefechte zu äußern, die während eines Putschversuchs im Jahr 1966 ausbrachen, obwohl der Präsidentenpalast nur zwei Kilometer von unserem Zuhause entfernt lag. Damals versuchte er, uns zu beruhigen, indem er sagte, das sei nur das Geräusch von heruntergelassenen Ladenrollläden.

1970, als ich in der fünften Klasse war, wurde der Bruder eines Klassenkameraden bei einem Putsch unter der Führung von Hafez al-Assad getötet. Ich verbrachte viel Zeit im Haus meines Freundes, wo sein älterer Bruder, ein Kampfpilot, gelegentlich mit uns spielte und Scherze machte. Als ich von seinem Tod erfuhr und mein Freund nicht mehr zur Schule kam, verspürte ich den Wunsch, ihm über die Schulfunkanlage mein Beileid auszusprechen. Doch der Direktor nahm mir rasch das Mikrofon aus der Hand und ermahnte mich streng, nie wieder über Politik zu sprechen. Diese Warnung prägte mein frühes

Bewusstsein für die allgegenwärtige Angst, die tief in der Gesellschaft verankert war.

Umgang mit Gewalt im schulischen Umfeld

Mit zunehmendem Alter beschränkte sich die Angst nicht mehr auf den familiären Rahmen, sie weitete sich auch auf den Schulalltag aus. Schüler:innen wurden unter Druck gesetzt, der Ba'ath-Partei und der Revolutionären Jugendorganisation beizutreten, und wir wurden Zeugen gewaltsamer Szenen bei der Umsetzung militärischer Ausbildungsmethoden.

In dieser Zeit begannen mein Freundeskreis und ich, uns zunehmend für die Philosophie der Gewaltlosigkeit zu interessieren, inspiriert von den Schriften von Sheikh Joudat Said über das Thema Gewalt in islamischen Gesellschaften. Diese Gedanken weckten in mir den tiefen Wunsch, Psychologie zu studieren, um Gewalt und ihre Auswirkungen zu verstehen und legten damit den Grundstein für meinen beruflichen Weg.

Die harte Erfahrung: Verhaftung und wie es weiterging

Im Jahr 1982, während meines zweiten Studienjahres an der Universität, wurde ich verhaftet und über 40 Tage hinweg gefoltert, was meine Überzeugung bestärkte, dass Gewalt eine schwere Krankheit ist, die sowohl ihre Opfer als auch ihre Täter zerstört. Diese Erfahrung führte zu einer einjährigen Unterbrechung meines Studiums, doch ich kehrte zurück mit dem tiefen Wunsch, den Weg der Psychotherapie weiterzuverfolgen. Lokale Weiterbildungsmöglichkeiten gab es jedoch nicht, weshalb ich darüber nachdachte, in Frankreich zu studieren. Leider verhinderten rechtliche Hürden dies, da ich nicht einmal meine Abschlussdokumente erhalten konnte, bevor ich den Militärdienst abgeleistet hatte. Letztlich blieb mir nur der Weg, mich auf eine Stelle als wissenschaftliche Hilfskraft zu bewerben, die mir die Möglichkeit eröffnete, im Ausland zu studieren.

Mein akademischer und beruflicher Weg
unter politischen Einschränkungen

Als wissenschaftliche Hilfskraft hatte ich keine freie Wahl bezüglich des Landes, in dem ich weiterstudieren durfte. Die meisten Stipendien führten in die Sowjetunion, ein Ziel, das ich nicht anstrebte. Nach langem Warten erhielt ich schließlich die Möglichkeit, in Polen zu studieren, ein Angebot, das ich bereitwillig annahm, da ich die politischen Umbrüche dort verfolgte. Damals führte die Solidarność-Bewegung einen gewaltlosen Kampf zur Veränderung des kommunistischen Systems. Diese Erfahrung war für mich zutiefst inspirierend und bestärkte mich in meinem Glauben, dass tiefgreifender gesellschaftlicher Wandel durch gewaltfreie Mittel möglich ist, wenn die Bedingungen stimmen. Ich war mir sicher, dass ich während meiner Zeit in Polen viel aus dieser Erfahrung lernen würde.

Fachliche Ausrichtung und Schwerpunkt
im Bereich therapeutischer Psychologie

Während meines Studiums in Polen lernte ich verschiedene psychotherapeutische Ansätze kennen, darunter die Gestalttherapie, personzentrierte Therapie nach Rogers, kognitive Verhaltenstherapie und Transaktionsanalyse nach Berne. Ich habe die Psychoanalyse gemieden, weil ihre Ausbildungsanforderungen langwierig und unüberschaubar waren. Während meiner Promotionszeit entschied ich mich, den Schwerpunkt auf die Auswirkungen häuslicher und schulischer Gewalt zu legen und in meiner Dissertation ihr Zusammenspiel und ihre wechselseitigen Einflüsse zu untersuchen.

Warum habe ich mich besonders mit der Gestalttherapie und dem personzentrierten Ansatz nach Rogers beschäftigt? Ich hatte das Gefühl, dass die Herausforderungen, mit denen die syrische Bevölkerung unter Unterdrückung konfrontiert war, zutiefst menschlicher Natur waren – sie betrafen spirituelle, soziale und emotionale Ebenen und ließen sich nicht einfach als Verhaltensstörungen begreifen. Die Gestalttherapie sprach mich an, weil sie als Methode zugleich unmittelbar, kraftvoll und ganzheitlich wirken kann. Der personzentrierte Ansatz wiederum stellt die Würde und Autonomie der hilfesuchenden Personen in den Mittelpunkt, ohne ihnen Theorien oder Lösungen überzustülpen. Ich empfand diesen wertschätzenden Zugang als wohltuenden Gegenpol zu den unterdrückenden Erfahrungen, denen viele Menschen sowohl im familiären Umfeld als auch innerhalb einer autoritär geprägten Gesellschaft ausgesetzt waren.

Rückkehr nach Syrien: Der Einsatz für Wandel und die Praxis der Psychotherapie in der Realität

1994 kehrte ich nach Syrien zurück und begann, im Bereich häuslicher Gewalt und Missbrauch zu arbeiten. In Zusammenarbeit mit Experten aus Rechtswissenschaft, Soziologie und Psychiatrie entwickelte ich nationale Strategien zur Unterstützung sowohl von Betroffenen als auch von Tätern. Damit begann sich allmählich mein lang gehegter Traum zu verwirklichen, einen konkreten Beitrag zur Bekämpfung gesellschaftlicher Gewalt zu leisten.

Nach jahrelanger Arbeit musste ich Syrien im Jahr 2012 verlassen. Erst Anfang 2025, nach dem Fall des Regimes, konnte ich für einen kurzen Besuch zurückkehren.

Konkrete Bedrohungen als Psychotherapeut

In meiner Arbeit als praktizierender Psychotherapeut und Ausbilder im Bereich psychische Gesundheit war ich verschiedensten Bedrohungen ausgesetzt, die äußerste Vorsicht im beruflichen Handeln erforderlich machten. Zu den schwerwiegendsten Herausforderungen zählten:

1. Unterstützung ehemaliger Inhaftierter und ihrer Familien: Einige ehemalige politische Gefangene und ihre Angehörigen suchten nach ihrer Entlassung psychologische Unterstützung, nachdem sie im Gefängnis schwer traumatisiert worden waren.

Viele wandten sich an mich, weil sie von meiner eigenen Haft-erfahrung wussten und glaubten, dass ich ihr Leiden nachempfinden könne. Solche Fälle traten ab Ende der 1980er-Jahre auf, noch bevor ich eine formale berufliche Ausbildung erhalten hatte. Damals konnte ich nur allgemeine emotionale Unterstützung anbieten. Da es keine sichere Klinik gab, traf ich mich mit den Menschen entweder in meinem Universitätsbüro oder an öffentlichen Orten, was offene Gespräche einschränkte. Mit der Eröffnung meiner eigenen Praxis im Jahr 2003 hatte ich erstmals einen sichereren Ort, um therapeutisch arbeiten zu können. Viele Klient:innen zeigten Symptome von Depressionen oder familiären Problemen, ohne zunächst den Zusammenhang zu ihren früheren Hafterfahrungen zu erkennen.

2. *Druck durch Sicherheitsbehörden zur Informationsweitergabe:* Gelegentlich forderten Geheimdienstmitarbeiter Auskünfte über bestimmte Personen, die ich behandelte, was eine direkte Bedrohung für meine berufliche Integrität darstellte. Das Risiko wurde noch dadurch verstärkt, dass es in Syrien keine offizielle Zulassung für Psychotherapie gab und meine Praxis formell als akademische Einheit der Universität lief. Versuche, mich unter Druck zu setzen, äußerten sich in Verhören unter falschem Vorwand, mit dem Ziel, mich zur Preisgabe vertraulicher Patientendaten zu bewegen. Die Vorwürfe reichten von mutmaßlichen Kontakten zu ausländischen Informanten bis hin zur Weitergabe von Informationen, die angeblich die nationale Sicherheit gefährdeten. In der Folge wurde mir über einen längeren Zeitraum die Ausreise untersagt. In einem Fall drohte mir ein Beamter offen, man könne mir falsche Anschuldigungen wegen sexueller Übergriffe auf Kinder anhängen, was meinen Ruf erheblich gefährdet hätte, insbesondere da ich Schulungen zu häuslicher Gewalt leitete. Diese Drohung verunsicherte mich zutiefst und veranlasste mich zu strengen Schutzmaßnahmen in meiner Praxis. Dazu gehörten unter anderem die Regeln, keine Einzelsitzungen ohne eine dritte anwesende Person abzuhalten sowie alle Gespräche

Mouta Barakat

grundsätzlich aufzuzeichnen. Viele Klient:innen lehnten solche Maßnahmen jedoch ab, was mitunter dazu führte, dass sie die Therapie abbrachen.

3. *Überwachung von Therapiesitzungen:* Ein eindrückliches Beispiel für das Eingreifen der Sicherheitsdienste in meine Arbeit betraf die Ehefrau eines ranghohen Funktionärs, die unter ständiger Überwachung stand. Später erfuhr ich, dass ihr Ehemann Abhörgeräte einsetzte, um ihre Therapiesitzungen mit mir zu überwachen. Diese Erkenntnis war zwar nicht überraschend, bestätigte jedoch, wie fragil psychotherapeutische Vertraulichkeit unter autoritärer Herrschaft ist. Fortan war ich in jeder Sitzung äußerst vorsichtig, vermied jede Äußerung, die gegen meine Patient:innen verwendet werden könnte. Manchmal fiel es mir schwer, zwischen echten Bedrohungen und meiner eigenen Paranoia zu unterscheiden – eine Erfahrung, die viele Menschen teilen, die unter einer Diktatur leben.

4. *Umgang mit Fällen häuslicher Gewalt in politisch sensiblen Kontexten:* Meine Praxis betreute ganz unterschiedliche Fälle, doch besonders herausfordernd waren jene, in denen Personen aus dem direkten Umfeld des Regimes betroffen waren. Ein solcher Fall betraf eine junge Frau, die von ihrem Vater körperlich und psychisch misshandelt wurde. Später offenbarte sie, dass er als Sicherheitsbeamter tätig war und für Verhöre und Folter verantwortlich war. Ihre Angst bezog sich nicht nur auf das Erlebte, sondern auch auf die mögliche Entdeckung der Therapiesitzungen durch ihren Vater und die daraus resultierende Gefahr für uns beide.

Da eine juristische Konfrontation aufgrund seines Einflusses ausgeschlossen war, konzentrierte ich mich in der Therapie darauf, ihr zu helfen, Strategien zu entwickeln, um Konfrontationen zu vermeiden, Frühwarnzeichen seiner Wut zu erkennen, bevor es zur Eskalation kommen konnte und Verhaltensstrategien anzuwenden, um das Risiko einer Gefährdung zu minimieren. Die Therapie half ihr erfolgreich dabei, Angst zu verarbeiten, ihre emotionale Widerstandskraft zu stärken und persönliche Sicherheitspläne zu entwickeln – Werkzeuge, die ihr in einem von Gefahr geprägten Alltag grundlegenden Schutz boten. Dieser Fall hat mich als Therapeut nachhaltig beeinflusst, da er die Ohnmacht widerspiegelte, die viele Menschen empfinden, wenn sie sich einer unterdrückenden Autorität nicht zur Wehr setzen können.

5. *Die Zusammenarbeit mit offiziellen Institutionen und ihr Einfluss auf meine Arbeit*: Aufgrund meines Engagements im Bereich häuslicher Gewalt war ich verpflichtet, mit staatlichen Institutionen zusammenzuarbeiten, von denen einige unter der Aufsicht der Ehefrau des Präsidenten standen. Es wurden Anstrengungen unternommen, eine nationale Strategie zur Bekämpfung häuslicher Gewalt durch interdisziplinäre Teams zu entwickeln, was meine Teilnahme an Treffen mit einflussreichen Personen innerhalb des Regimes erforderte.

Aufgrund dieser Kontakte begannen einige, mich als Mitwirkenden am System wahrzunehmen, was sich auf meine berufliche Glaubwürdigkeit auswirkte und Fragen zu meiner politischen Haltung aufwarf. Gelegentlich äußerte ich mich in Medienauftritten, Fortbildungen und Vorträgen offen kritisch gegenüber staatlichen Maßnahmen, um mein Eintreten für die Menschenrechte deutlich zu machen und Missverständnisse über meine berufliche Rolle zu vermeiden.

Hindernisse im sozialen Umfeld und ihre Auswirkungen auf die Psychotherapie:
Psychotherapie im Zeichen der Angst

In einem gesunden Umfeld basiert Psychotherapie auf einer sicheren, offenen Beziehung, in der sich die Klient:innen frei fühlen, ihre Gefühle und Sorgen auszudrücken. In einer Gesellschaft, die von Gewalt und Repression geprägt ist, herrscht jedoch selbst im privatesten Raum Angst davor, offen zu sprechen.[2] Die Kultur der Angst war tief verwurzelt[3] und dem Konzept der therapeutischen Vertraulichkeit wurde nur wenig Glauben geschenkt – selbst von Menschen, die sich in Behand-

Mouta Barakat

lung begaben. Besonders deutlich zeigte sich dies in der Gruppentherapie, in der Vertrauen nahezu nicht vorhanden war, sodass die meisten Teilnehmenden Einzelsitzungen bevorzugten.

1. *Gruppenarbeit in einer Atmosphäre von Anspannung und Misstrauen:* Trotz der gut dokumentierten Vorteile von Gruppentherapie war ich bei der Themenwahl vorsichtig. Ich konzentrierte mich auf akademische oder familiäre Fragestellungen und vermied bewusst tiefgreifende Inhalte, die sicherheitsrelevante Bedenken auslösen könnten. Themen wie Identität oder gesellschaftliche Fragen mied ich, da sie ein Maß an Offenheit erforderten, das schwer kontrollierbar war und potenziell die Teilnehmenden gefährden konnte.

Dennoch durchzogen sicherheitsbezogene Ängste auch scheinbar harmlose Themen. In manchen Sitzungen fragten Teilnehmende scherzhaft: «Wer von uns berichtet wohl dem Geheimdienst?» Ein Versuch, die Stimmung zu lockern, der zugleich das zugrundeliegende Misstrauen widerspiegelte. Diese angespannte Atmosphäre führte dazu, dass viele die Gruppenarbeit abbrachen oder in Einzelsitzungen wechselten, auf der Suche nach einem sichereren Raum.

In Sitzungen zum Thema ‹Prüfungsangst› begannen Studierende über die systemische Korruption im Bildungssystem zu sprechen – über Lehrkräfte, die von den Behörden bevorzugt wurden und über organisierte Betrugsstrukturen, die jenen zugutekamen, die mit dem Regime in Verbindung standen. Für einige wurde diese Offenheit unangenehm, viele brachen daraufhin die Therapie ab.

In einer Gruppe zum Schutz von Kindern vor Übergriffen

2 Faust, V. (o.J.). *Macht und Machtmissbrauch aus psychologischer Sicht.* psychosoziale-gesundheit.net/index.html

3 David, E., & Derthick, A. 2014. *What is internalized oppression?* In E. David (Hg.), *Internalized oppression: The psychology of marginalized groups* (S. 1-28). New York: Springer Publishing.

erzählte eine Mutter, ihre jugendliche Tochter sei vom eigenen Vater missbraucht worden. Auf den Vorschlag, juristische Schritte einzuleiten, antwortete sie: «Mein Mann ist Geheimdienstoffizier – für ihn gilt das Gesetz nicht.» Allein diese Aussage ließ das Gespräch verstummen, da allen bewusst wurde, dass rechtliche Schritte unter solchen Umständen aussichtslos waren.

In den ‹Selbstbehauptungstrainings›, die darauf abzielten, Selbstvertrauen aufzubauen und die Fähigkeit der Teilnehmenden zu stärken, ihre Rechte zu verteidigen, lenkte die Diskussion unweigerlich auf die Unmöglichkeit, sich gegen mächtige, vom Staat geschützte Personen zur Wehr zu setzen. Anstatt sich mit Strategien der Konfrontation auseinanderzusetzen, kamen die Teilnehmenden zu dem Schluss, dass Rückzug und Vermeidung die einzig gangbaren Überlebensstrategien seien.

2. *Herausforderungen in der Einzeltherapie und Sorgen um Vertraulichkeit:* Selbst in Einzelsitzungen dauerte es oft lange, bis Klient:innen sich sicher genug fühlten, um traumatische Erfahrungen offenzulegen. Viele hatten Angst, über Themen wie die Inhaftierung von Familienangehörigen, Belästigungen am Arbeitsplatz oder den täglichen Druck durch politische Repression zu sprechen.

In manchen Fällen war die Angst vor Enttarnung so groß, dass Patient:innen zu Beginn der Therapie unter Pseudonym auftraten. Ihren echten Namen nannten sie erst nach mehreren Sitzungen, wenn sie sich ausreichend sicher fühlten. Ironischerweise hatte auch ich ähnliche Bedenken, insbesondere im Kontakt mit neuen Klient:innen: Ich musste stets in Betracht ziehen, dass jemand von den Sicherheitsbehörden geschickt worden sein könnte, um mich zu regimekritischen Aussagen zu verleiten oder falsche Anschuldigungen gegen mich zu konstruieren.

3. *Politische Einflussnahme auf die akademische Arbeit:* Das unterdrückende Umfeld beschränkte sich nicht auf den Thera-

pieraum, auch meine Lehrtätigkeit an der Universität war betroffen. Im Rahmen eines Kurses zu Familientherapie sprach ich über das Konzept «Familiensysteme» und ihren Einfluss auf das Individuum. Studierende stellten instinktiv eine Verbindung zum politischen System her und interpretierten die Diskussionen über geschlossene und offene Systeme als indirekten Verweis auf die Regierung.

Später riet mir der Fachbereichsleiter, den Begriff «System» im Unterricht zu vermeiden und stattdessen von «Struktur» zu sprechen, nachdem Sicherheitsberichte den Vorwurf erhoben hatten, ich würde auf indirektem Wege politische Themen ansprechen. Dieser Vorfall machte deutlich, wie stark selbst akademische Räume von der Überwachung durchdrungen waren.

4. Verschärfte Repression während der syrischen Revolution: Nach Ausbruch der syrischen Revolution im Jahr 2011 verschärfte das Regime die sicherheitsbezogene Überwachung sämtlicher beruflicher und sozialer Aktivitäten. Die Überwachung weitete sich auf Universitäten, zivilgesellschaftliche Organisationen und Medien aus und jegliche Diskussion über Menschenrechte wurde dadurch zu einem hochgefährlichen Unterfangen. Aus bloßer Repression wurde offene Einschüchterung und öffentliche Demütigung. Schon die bloße Erwähnung der vom Regime eingesetzten Terrormethoden – von Syrer:innen mit eigenen Augen erlebt – löst bei allen, ob Lesende oder Augenzeugen, Fachpersonen oder gewöhnlichen Bürger:innen, ein ansteckendes Gefühl von Demütigung und Wut aus. Studierende, die sich kritisch gegenüber der Regierung äußerten, wurden von Kommiliton:innen, die für die Unterdrückung rekrutiert worden waren, eingeschüchtert und angegriffen.

Selbst einfache Gesten der Solidarität wurden kriminalisiert. Als einige Intellektuelle und Künstler:innen die Petition «Milchaufruf» unterzeichneten, ein Appell zur Aufhebung der Belagerung von Daraa und zur Versorgung der Zivilbevölkerung mit Nahrung und Medikamenten, wurden sie festgenommen, gezwungen, ihre Unterschrift zu widerrufen und sich öffentlich von der Petition zu distanzieren. Dieser Vorfall verdeutlicht, wie tiefgreifend politische Repression in alle Lebensbereiche eingriff.

5. *Leben nach der Flucht aus Syrien:* Im Jahr 2012 war ich gezwungen, Syrien zu verlassen, da die willkürlichen Verhaftungen zunahmen und mehrere Vorladungen durch Sicherheitsdienste gegen mich ergingen. Man warf mir vor, mit der Revolution zu kollaborieren und Koordinierungsgruppen organisiert zu haben. Viele meiner Kolleg:innen und Studierenden wurden verhaftet und manche verloren ihr Leben. Ich werde an dieser Stelle nicht näher auf die Einzelheiten dieser Zeit eingehen, da mich dies zu sehr vom eigentlichen Weg abbringen könnte.

Dennoch ist es wichtig zu betonen, dass auch außerhalb Syriens das Gefühl von Unsicherheit nicht verschwand. Viele syrische Geflüchtete hatten weiterhin Angst, ihre Meinung offen zu äußern, aus Sorge um mögliche Folgen für inhaftierte Angehörige oder vor dem langen Arm des Regimes über die Landesgrenzen hinaus. Diese Angst wirkte sich auf meine Arbeit mit humanitären Organisationen aus, da es schwierig war, das Vertrauen der Familien ehemaliger Inhaftierter zu gewinnen – selbst im Exil waren sie weiterhin mit Sicherheitsbedrohungen konfrontiert.

6. *Syrien nach dem Fall des Regimes:* Heute, nach der Flucht des früheren Machthabers, ist Syrien in eine neue Phase eingetreten. Die Menschen haben Momente der Hoffnung erlebt, Momente, die jedoch schnell von der Sorge überschattet wurden, dass autoritäre Strukturen zurückkehren, politische Instabilität andauern oder repressive Praktiken fortbestehen könnten. Vergangene und gegenwärtige kollektive Traumata überlagern sich, sodass Psychotherapie in Syrien untrennbar mit den politischen und sicherheitsbezogenen Ängsten der Bevölkerung verbunden bleibt.

Mouta Barakat

Auch in den kommenden Jahren wird der Beruf von diesen Herausforderungen geprägt sein, angesichts von Millionen Geflüchteten, Vertriebenen und freigelassenen Inhaftierten, die versuchen, ihr Leben neu aufzubauen, begleitet von den anhaltenden Erinnerungen an Unterdrückung. Wie mir ein Patient nach einer traumatischen Haftzeit einmal sagte:

«Sie sagen, ich hätte überlebt – dass ich vergessen und wieder der werden sollte, der ich vor der Haft war. Aber Sie verstehen nicht ... Ich bin nicht mehr derselbe Mensch. Mein Körper, mein Geist und mein Herz haben sich verändert. Nichts ist mehr, wie es einmal war.»

Abschließende Gedanken zu Therapie, Widerstand und Veränderung: Die psychischen Folgen von Unterdrückung

Jahrelanges Leben unter autoritärer Herrschaft hat mein Verständnis von Trauma, Resilienz und den tiefgreifenden seelischen Wunden, die Einzelnen und der Gesellschaft zugefügt wurden, nachhaltig geprägt. Unterdrückung beschränkt nicht nur Freiheiten – sie dringt in das Innere vor, verzerrt das Selbstbild, die Wahrnehmung von Sicherheit und die Hoffnung.[4] Als Psychotherapeut erlebte ich aus nächster Nähe, wie sich Repression in Angstzuständen, Depressionen und tief verankerten Mustern der Furcht manifestierte. Die Herausforderung bestand nicht nur darin, diese Wunden zu behandeln, sondern Menschen trotz allgegenwärtiger Risiken zu stärken.

Therapie als Akt des Widerstands

Psychologische Unterstützung unter einer Diktatur zu leisten, war an sich bereits ein Akt des Widerstands. Die Therapie wurde zu einem Raum, in dem Menschen ihre Geschichten zu-

---

4 Cavarero, Adriana. 2011. *Horrorism: Naming Contemporary Violence.* Translated by William McCuaig. New York: Columbia University Press.

rückerobern, das Schweigen der Angst durchbrechen und ihr Leid verarbeiten konnten. Der Weg der Heilung war von Hindernissen geprägt, seien es Sicherheitsbedrohungen, strukturelle Einschränkungen oder die Selbstzensur, die viele Klient:innen über Jahre der Überwachung und Einschüchterung verinnerlicht hatten. Und doch bestärkte jede gelungene Sitzung meinen Glauben daran, dass therapeutische Arbeit unter repressiven Bedingungen eine zutiefst politische Bedeutung trägt.

Exil und das sich wandelnde Feld der Psychotherapie

Das Verlassen Syriens im Jahr 2012 war ein schmerzhafter Bruch – sowohl persönlich als auch beruflich. Im Exil kamen neue Erfahrungen von Verlust und Zugehörigkeit hinzu, während ich versuchte, meine Arbeit unter veränderten soziopolitischen Bedingungen fortzusetzen. Gleichzeitig eröffnete die Erfahrung von Vertreibung auch Möglichkeiten, neue therapeutische Ansätze zu erkunden, mit internationalen Netzwerken zusammenzuarbeiten und sich an weiterführenden Diskursen über Trauma in Konfliktgebieten zu beteiligen. Als ich im Frühjahr 2025 nach dem Sturz des Regimes für einen kurzen Besuch nach Syrien zurückkehrte, wurde ich mit den tiefgreifenden Veränderungen im Land konfrontiert. Die Narben der Diktatur waren weiterhin sichtbar, ebenso aber auch das Potenzial für Heilung und Wiederaufbau.

Ausblick: Psychische Gesundheit und gesellschaftliche Heilung

Wenn ich auf meinen Weg als Therapeut unter diktatorischer Herrschaft zurückblicke, wird mir die unverzichtbare Rolle psychologischer Unterstützung beim Wiederaufbau einer von Unterdrückung gezeichneten Gesellschaft deutlich. Über die Einzeltherapie hinaus braucht es Räume für kollektive Heilung, Orte, an denen Gemeinschaften ihr Trauma verarbeiten,

Handlungsfähigkeit zurückgewinnen und gemeinsam auf eine angstfreie Zukunft hinarbeiten können. Der Fall des Regimes mag das Ende einer Ära markieren, doch die psychologischen Folgen des Autoritarismus werden noch lange nachwirken. Ich bleibe dem Ziel verpflichtet, Räume für Dialog, Heilung und Resilienz im Syrien nach der Diktatur zu schaffen.

Stefan Blankertz

WARUM KRIEG?

Eine Gestalt-Perspektive

Ja, die Idee des Kriegs hat sich neu eingefunden ins Denken.
Peter Handke, 2025

Einführung

Warum Krieg? Seit dem Zweiten Weltkrieg hat es nie wirklich
Frieden auf der Erde gegeben. Aufgewachsen bin ich mit
Bildern der Kriege in Vietnam und im Nahen Osten. Dann
kam der Terror in viele Großstädte von Westeuropa. Heftige
Kriege gab es nach dem Zerfall von Jugoslawien Ende der
1990er Jahre. Aber vor allem der Überfall des russischen Staats
auf die Ukraine 2022 hat uns deutlich werden lassen, dass
Krieg nach wie vor Realität ist – und das gab dem Pazifismus
den Rest. Schon wird die Wiedereinführung der Wehrpflicht
in Deutschland von Menschen diskutiert, von denen man es
ein paar Jahre zuvor niemals gedacht hätte. Waffenlieferungen
in Krisen- und Kriegsgebiete sind kein Tabu mehr, sondern
tägliche, allseits akzeptierte Praxis. Zugleich hängt der gestalttherapeutischen Aggressionstheorie nach wie vor der Geruch
an, sie gehe fahrlässig mit der Problematik des Kriegs um. Sie
sei eine Ausgeburt der befriedeten und sozial unbeweglichen,
muffigen 1950er Jahre.

In meinen nun folgenden Überlegungen gehe ich von einer
biographischen Vergewisserung über die Kriegserfahrungen
der Gründungseltern der Gestalttherapie und ihrer Haltung
zum Krieg aus, um dann aufzuzeigen, dass und inwieweit die
Theorie der Aggression, die im Ursprungswerk der Gestalttherapie von 1951 formuliert ist, ein immer noch aktuelles und
unübertroffenes Licht auf die psychologischen und gesell-

schaftlichen Zusammenhänge des Kriegs wirft. Mit der gestalttherapeutischen Theorie der Aggression verfügen wir über ein einmaliges Handwerkszeug, um den Krieg in seiner Genese zu verstehen und dazu beizutragen, ihn zu überwinden.

Fritz Perls, Laura Perls und Paul Goodman im Krieg

1951 ist das Erscheinungsjahr des Buches «Gestalt Therapy», an dem Paul Goodman und Fritz und Laura Perls sowie weitere Kollegen rund fünf Jahre gearbeitet hatten. Die Arbeit begann also unmittelbar nach Ende des Zweiten Weltkriegs. Die 1950er Jahre waren in den USA und nicht nur dort von dem Schock des Kriegs gekennzeichnet. Zugleich fand der Koreakrieg statt. Nur eine Zahl, um aufzuzeigen, dass es hier nicht um einen harmlosen Regionalkonflikt ging: In kürzester Zeit starben hier auf engstem Raum vier Millionen Menschen. Der Beginn des Kalten Kriegs und die Aufrüstung mit ständiger Drohung der nuklearen Selbstvernichtung der Menschheit führte zu einer gesellschaftlichen Schockstarre. An gesellschaftliche Veränderungen und Experimente war nirgends zu denken. Gewalt und Zahmheit, so beschrieben es die Autoren von «Gestalt Therapy», seien die vorherrschenden Leiden der Gegenwart. Eine Formel, auf die ich zurückkommen werde.

Die Erfahrungen, die Fritz Perls und Paul Goodman auf Krieg bezogen in die Zusammenarbeit einbrachten, waren völlig unterschiedlich. Es hat seit dem amerikanischen Bürgerkrieg in der Mitte des 19. Jahrhunderts kein Krieg auf dem Boden der USA stattgefunden. Dieser Aspekt der Erfahrung blieb den Amerikanern seitdem erspart. Dennoch gab es keine Familie, die nicht durch den Tod von Vater oder Sohn oder Verwandten durch den Zweiten Weltkrieg oder den Koreakrieg betroffen war.

Fritz Perls diente im Ersten Weltkrieg als Sanitäter und erlebte die schlimmsten Grausamkeiten etwa bei Gasangriffen mit. Zwar hatte er sich freiwillig zum Sanitätsdienst gemeldet, aber nicht aus Patriotismus oder Begeisterung für den Krieg,

Stefan Blankertz

sondern um der Gefahr vorzubeugen, zur regulären Truppe eingezogen zu werden. Nach dem Krieg assistierte er Kurt Goldstein bei der Versorgung (und Erforschung) gehirnverletzter Soldaten. Als der Weltkrieg II ausbrach, befanden Fritz und Laura Perls sich im südafrikanischen Exil. Südafrika trat an der Seite des britischen Weltreichs in den Krieg ein und Fritz meldete sich freiwillig zum Dienst, und zwar als ein Psychiater. Diesmal drohte nicht, dass er eingezogen werden würde. Wir dürfen also davon ausgehen, dass er seinen Teil zur Niederlage des nationalsozialistischen Deutschland beitragen wollte. Krieg als das kleine Übel. Der Kampf gegen das Böse als moralischer Imperativ.

Und nun tritt das Mysterium ein. Gegen Ende des Zweiten Weltkriegs lasen Laura und Fritz Perls Essays des Amerikaners Paul Goodman, ein entschiedener Wehrdienstverweigerer, und begeisterten sich für ihn.

Paul Goodman, 1911 geboren, war vor dem Zweiten Weltkrieg ein avantgardistischer Dichter mit unbestimmten linken Sympathien und Gegner einer erneuten Einmischung der USA in einen europäischen Krieg. Gegen Kriegsende sollte er eingezogen werden. Inzwischen gab es nur noch eine einzige Gruppe von Wehrdienstverweigern, anarchistische und christliche Pazifisten. Alle anderen waren eingeschwenkt auf die Haltung, den Krieg als kleineres Übel und den Kampf gegen das Böse als Notwendigkeit anzusehen. Der Dichter Goodman schrieb nun seine ersten explizit politischen Essays, um sich über die Frage klar zu werden, ob er der Einberufung Folge leisten oder sich ihr widersetzen sollte, verbunden mit der Gefahr einer harten Bestrafung.

Nebenbemerkung: Er wurde, weil er bei der Musterung sich renitent zeigte, als wehruntauglich klassifiziert. Auf diese Art löste der amerikanische Staat das Problem stillschweigend, ohne einen Märtyrer zu produzieren.

In Goodmans zu Essays gewordenen Selbstgesprächen sucht man vergebens nach eine Analyse der geopolitischen oder ökonomischen Interessen, die zum Krieg führen. Nicht einmal die am Krieg beteiligten Länder, geschweige denn deren politische Systeme oder Ideologien nennt er. Vielmehr schloss Goodman eng an Sigmund Freud an. Goodman hatte Freud intensiv gelesen und zwar mit dem literarischen Wunsch, mehr über das Unbewusste zu erfahren. Nun kam er in die Lage, andere Aspekte von Freud in den Vordergrund zu stellen.

Nach dem Ersten Weltkrieg zweifelte Freud an dem grundlegend libidinösen, lebensbejahenden Charakter des Menschen und erkannte eine darunter liegende Todessehnsucht, ja, geradezu einen Todestrieb. In seinem weitaus wichtigsten Werk, «Das Unbehagen in der Kultur», beschrieb Freud 1930, dass Gesellschaft und Kultur jedem einzelnen Menschen mit Notwendigkeit die Befriedung gewisser Bedürfnisse versagen müsse, wobei er alle Bedürfnisse auf die beiden Grundformen Sexualität und Aggression zurückführte. Die Versagung der jederzeitigen und vollständigen Bedürfnisbefriedigung erfolgt zunächst im ureigenen Interesse jedes Einzelnen, der Gesellschaft und Kultur oder Gemeinschaft ebenfalls als Bedürfnis hat; zudem ist Gesellschaft die Vorbedingung dafür, dass der Einzelne seine Bedürfnisse überhaupt befriedigen kann. Doch die Bedürfnisversagung, die laut Freud ihrerseits die Vorbedingung für die Existenz einer jeden Gesellschaft ist, verdichtet sich zu einem Geflecht, das sich um den Einzelnen legt und seine Lebensfreude erstickt. Es entsteht ein Unbehagen in der Kultur. Der Mensch gerät nun in eine Zwickmühle zwischen notwendiger und zugleich die Lebensfreude reduzierender Versagung. Die Gewalt, das Kurz- und Kleinschlagen des ganzes gesellschaftlichen Zusammenhangs, ist der psychologische Ausweg, der jedoch nicht zur Wiedergewinnung der Lebensfreude, sondern zum allgemeinen Elend führt. Freud findet letztlich keine Antwort darauf, wie es besser ginge, außer der vagen Aufforderung, individuelle Bedürfnisse und gesellschaftliche Notwendigkeiten irgendwie in ein wie auch immer instabiles Gleichgewicht zu bringen.

Stefan Blankertz

Goodman nun kehrte diese Überlegungen Freuds um in ein Kriterium für die lebensfähige und lebenswerte Gesellschaft: Eine lebensfähige und lebenswerte Gesellschaft ist die, die keinen Krieg braucht oder hervorruft. Das Unbehagen in der Kultur wollte Goodman dienstbar machen für ein anarchistisches revolutionäres Programm. Das oberste Prinzip dieses Programms lautet, sich von allem fernzuhalten, was mit Krieg zu tun hat. Dieses pazifistische Prinzip war für Goodman nicht die Aufforderung, sich der Herrschaft und dem Krieg der Herrschenden widerstandslos zu fügen. Im Gegenteil. Goodman wollte seine Mitmenschen zum Handeln, zur Aktion, zum Widerstand aufrütteln. Es ging ihm um die Gewinnung anderer Möglichkeiten, Widerstand zu leisten, als in den Krieg zu ziehen. Dies nenne ich seinen «kämpferischen Pazifismus».

Laura und Fritz Perls hatten im südafrikanischen Exil einen ganz ähnlichen Ansatz entwickelt und für ihn wie bereits Freud den verfemten Begriff der Aggression verwandt. Es ging ihnen darum, den lebensnotwendigen und lebenserhaltenden Anteil der Aggression davor zu bewahren, in eine kollektive Aggression umzuschlagen, eine kollektive Aggression als Unterdrückung nach innen und Krieg nach außen. In ihrem legendären Vortrag über Erziehung zum Frieden, gehalten in Johannisburg 1938, brachte Laura Perls es auf die Formel, die Unterdrückung der Aggression, mit der der Einzelne sich in die Lage versetzt, seine Bedürfnisse zu befriedigen, münde in eine kollektive Aggression gegenseitiger Vernichtung.

Genau in der Aggressions- und Kriegstheorie erkannten Laura und Fritz Perls ihre Geistesverwandtschaft mit Paul Goodman. Zugleich hatte Fritz eine andere praktische Antwort gegeben, indem er sich, wie gesagt, freiwillig in den Dienst des südafrikanischen Militärs stellte. Nicht nur das, Fritz schwärmte auch für Feldmarschall Jan Smuts, der, zwischen seinen Ämtern in den 1920er Jahren das Buch «Holism and Evolution» geschrieben hatte, und nun Staatspräsident von

Südafrika war sowie auch Mitglied des Kriegskabinetts des Britischen Weltreichs. Dennoch bleibt festzuhalten, dass Fritz Perls Goodmans anarchistischer Pazifismus nicht nur nicht unbekannt war, vielmehr genau den Grund abgab, warum er ihn aufsuchte, als er 1947 nach New York kam, und ihn mit der Abfassung des geplanten Buchs zur Begründung der neuen, der eigenen Therapierichtung beauftragte.

«Gestalt Therapy», 1951: Krieg als Massenselbstmord

In diesem Buch, das schließlich den Titel «Gestalt Therapy» erhielt, spielt die Aggressionstheorie eine zentrale Rolle, die Aggressionstheorie, die Laura und Fritz Perls auf der einen und Paul Goodman auf der anderen Seite zunächst unabhängig voneinander entwickelt hatten und dann gemeinsam fortschrieben.

Der mitunter auch von Gestalttherapeuten geäußerte Vorwurf gegen die gestalttherapeutische Aggressionstheorie, sie verherrliche die Aggression und deren wahllose Ausagieren, als therapeutisch befreiend, halte ich für falsch. Wie schon in Laura Perls' bereits zitierten ersten Formel, geht es der gestalttherapeutischen Aggressionstheorie darum, das Umschlagen von lebensnotwendiger Aggression in lebensvernichtende Aggression zu betrachten.

Die lebensnotwendige Aggression kennzeichnet, dass sie sich auf den strittigen Gegenstand richtet und eine Lösungsmöglichkeit enthält. Dann wirkt sie konfliktbereinigend. Mit der Formulierung, die Aggression enthalte eine Lösungsmöglichkeit, wird gestalttherapeutisch gerade nicht vorausgesetzt, die Konfliktparteien gingen mit einem fertigen Konzept für die Lösung und einem festgefügten Katalog von Forderungen in den Konflikt. Fertige Konzepte und festgefügte Forderungen werden im Gegenteil als neurotisch angesehen. Sie führen niemals zur Konfliktbereinigung. Wenn sie überhaupt zur Konfliktbeilegung führen, bleibt das Ergebnis stets unbefriedigend und mündet in eine Unbehagen, das sich letztlich zerstörerisch auswirken wird. Lösungen entstehen in einem gemeinsamen Ringen um sie und sehen immer vollkommen anders aus, als am Beginn des Konflikts gedacht. In «Gestalt Therapy» heißt es dazu, Psychotherapie solle grundsätzlich keinen Konflikt lösen, denn nicht der Konflikt stelle das Problem dar, sondern dessen vorzeitige oder falsche Befriedung. Die Autoren gestehen zu, dass die Auffassung, ein Konflikt wäre eine Vergeudung von Energie, nachvollziehbar sei. Diese Auffassung wäre dann richtig, dass man, wenn man den Konflikt vermeide oder rasch aus dem Weg räume, direkt zu dem übergehen könne, was man beabsichtigt hat. Aber diese Auffassung setze voraus, fahren die Autoren fort, dass man bereits wisse, wie und wo man seine Energie einsetzen wolle und welches Gut oder Ziel angestrebt werden solle, sodass es Energieverschwendung wäre, erst den Widerstand eines Gegenübers bekämpfen und überwinden zu müssen.

Gegen eine solche Auffassung von Konflikt setzen die Autoren von «Gestalt Therapy» eine besondere Sicht auf den Konflikt als eine spezielle Form der Zusammenarbeit, die über das, was jede Seite vorab als Ziel formuliert haben mag, hinausgeht und hinleitet zu einer ganz neuen Figur. Das heißt, man trifft sich nicht, wie es im irreführenden Volksmund heißt, in der Mitte zwischen zwei Forderungspaketen, sondern schafft im und durch den Konflikt etwas Neues, was für beide Seiten besser passt, als wenn sie sich mit ihren Forderungen durchgesetzt hätte. Der Konflikt wirkt nicht nur bereinigend, er ist der kreative Prozess an sich. Ihn zu verkürzen oder gar ganz zu vermeiden, bedeutet, das Beste, was möglich ist, zu versäumen. Voraussetzung für solch einen Konflikt als kreativen Prozess ist ein ernsthaftes Interesse aneinander und eine Selbstverpflichtung auf ein gutes Ergebnis. Dies sei, stellen die Autoren fest, dann möglich, wenn die am Konflikt beteiligten Seiten in Kontakt bleiben.

Dagegen kennzeichnet die lebensvernichtende Aggression, dass sie sich auf Ersatzobjekte richtet und schon deshalb keine

Lösungsmöglichkeit eröffnet. Man beharrt auf einer Position und stellt Forderungen, die nichts mit den eigenen Bedürfnissen oder mit dem eigenen Unbehagen zu tun haben. Um so verbissener und unversöhnlicher kämpft man einen Kampf, den man nicht gewinnen kann, selbst wenn man am Ende als Sieger aus dem Konflikt hervorgehen sollte. Solche aggressiven Akte des Ausagierens oder Abreagierens mögen möglicherweise kurzfristig Erleichterung verschaffen, aber ihnen wohnt die Tendenz inne, eine immer höhere Dosis des Gifts zu verlangen. Und irgendwann steht man mitten im Krieg. Hier komme ich zurück auf die erwähnte Formel, die auffälligsten Leiden derzeit seien Gewalt und Zahmheit, und referiere etwas aus dem Zusammenhang, in dem die Autoren von «Gestalt Therapy» die Formel entwickeln.

Auf der einen Seite gebe es zwar, so die Autoren, weiterhin zwischenstaatliche Kriege, innerstaatliche Konflikte und Gewaltverbrechen, auf der anderen Seite aber herrsche eine in der Geschichte beispiellose friedliche Bürgergesellschaft mit einer bürgerlichen Ordnung, die eine früher unbekannte Sicherheit garantiert. Politisch und wirtschaftlich sei das gewiss vorteilhaft, aber psychologisch gesehen problematisch. Denn um den Zustand aufrecht erhalten zu können, muss jeder offene Ausdruck von Zerstörungslust, Vernichtungswillen, Wut und Kampfbereitschaft im Interesse der bürgerlichen Ordnung unterdrückt werden. Schon das Gefühl von Wut wird gehemmt oder sogar verdrängt. Vernünftig, duldsam, freundlich und kooperativ lassen die Leute sich herumschubsen. Die Anlässe, in Wut zu geraten, sind aber in keiner Weise geringer geworden. Im Gegenteil, wenn der Eigenantrieb eingegrenzt wird auf die Routine des täglichen Hickhacks in Amtsstuben, Verwaltungen und Fabriken, kommt es zu spießigen Reibereien, verletzten Gefühle, kleinen Gemeinheiten. In geringem Maße erzeugt das soziale Gefüge fortwährend Wut, die jedoch nie abgelassen werden kann; die große Wut, welche mit starkem Eigenantrieb einhergeht, wird verdrängt. Das physische Über-

Stefan Blankertz

leben werde zwar selten frustriert, schreiben die Autoren von «Gestalt Therapy», es komme allerdings auch bloß selten zur Befriedigung und es gebe Anzeichen für akute Angst.

Der Sicherheit in der Gesamtgesellschaft steht demnach Verwirrung und Unsicherheit der isolierten Individuen gegenüber, die angesichts von überwältigenden Sozialstrukturen, Behörden und all den übrigen Großorganisationen kein Selbstvertrauen aufbauen können. Der Eigenantrieb zur Aktivität erlischt. Das Leben versinkt in passiven und symbolischen Handlungen. Für alles ist gesorgt, für nichts muss man selbst sorgen; was eben auch heißt: für nichts kann, für nichts darf man selbst sorgen. Als symptomatisches Beispiel führen die Autoren an, die Menge an Sexualität sei zwar groß, die Gefühlsverarmung aber extrem. Spannung wird zwar fortwährend aufgebaut, lässt sich aber nur teilweise entladen. Und dann wird sogar die Spannung nicht mehr wahrgenommen, weil die Leute weder wissen, was sie wollen, noch wie sie es erreichen, und weil die ihnen zugänglichen Mittel unübersichtlich und sperrig sind. Diese nicht wahrgenommene Spannung steigert sich nach Auffassung der Autoren von «Gestalt Therapy» ins Unerträgliche. Das Verlangen nach endgültiger Befriedigung, nach Orgasmus, deuten die Leute als Wunsch nach einer totalen Selbstzerstörung. Es gibt also Grund genug, die Dinge aufzumischen, zu zertrümmern. Unausweichlich träumt die Öffentlichkeit dann von einer weltweiten Katastrophe mit Großexplosionen, Feuersbrünsten und Stromschlägen; und die Leute bemühen sich mit vereinten Kräften, diese Apokalypse Wirklichkeit werden zu lassen, da sie die Situation, die wütend macht, nach draußen projizieren. Die Leute müssen eine entfernte Ursache finden, die den Druck der Wut hinreichend erklärt, der sich sicherlich nicht durch die geringfügigen alltäglichen Frustrationen erklärlich lässt. Es tut not, etwas zu haben, das des Hasses wert ist, den man auf sich selbst hat, jedoch nicht wahrnimmt. Kurz, man ist wütend auf den großen Feind. Den große Feind sieht man selbstredend als grausam und kaum noch menschlich an. Im bürgerlichen Leben gilt das Bündel der Aggressionen als anti-sozial. Glücklicherweise ist es dagegen im Krieg gut und sozial. So führen die Leute, die sich nach der weltumspannenden Katastrophe und Explosion sehnen, Krieg gegen Feinde, die sie aufgrund ihrer Grausamkeit und untermenschlichen Stärke gleichermaßen in Rage versetzen und faszinieren. Die Armee der Massendemokratie ist den populären Bedürfnissen hervorragend angepasst. Sie verschafft die persönliche Sicherheit, die im bürgerlichen Leben fehlt; sie zwingt unter eine persönliche Autorität, ohne Ansprüche an das verborgene Selbst zu stellen, denn man ist ja nicht mehr als ein Glied der Masse. Sie nimmt einem Beruf und Heim, wo man eh versagt und keinen Spaß hat; sie bringt die Anstrengungen, die man macht, um seinen Sadismus auszuleben, voll zur Geltung, und führt so in ein masochistisches Debakel. Die Leute sehen dieses Debakel kommen. Sie hören rationale Warnungen und machen alles, was einer vernünftigen Politik möglich ist. Aber die Energie, zu fliehen oder zu widerstehen, ist gelähmt oder die Gefahr fasziniert zu sehr. Die Leute drängt es, die unbeendete Situation zu beenden. Sie sind versessen auf Massenselbstmord, der alle Probleme ohne persönliche Schuld löst. Die Gegenpropaganda der Pazifisten ist schlimmer als nutzlos, da sie keine Probleme löst und da sie die persönliche Schuld steigert. Es ist erstaunlich, dass diese Analyse 1951 geschrieben wurde, denn sie trifft nach meiner Übersicht auf heute genauso zu wie vor jetzt 75 Jahren.

Wenn ich die gestalttherapeutische Aggressionstheorie in Ausbildungsgruppen vorstelle, schließt sich häufig die Frage an, ob es nicht weniger missverständlich wäre, die lebensbejahende Aggression mit einem andern Begriff zu bezeichnen als die lebensvernichtende Aggression. Damit würde meinem Gefühl nach die Einzigartigkeit der gestalttherapeutischen Aggressionstheorie verwischt. Das Problem mit der Aggression besteht genau darin, dass die lebensbejahende in die lebensvernichtende Aggression umschlagen kann. Es handelt sich um

Stefan Blankertz

die gleiche Energie, aber einmal in die Richtung der Lebenslust gerichtet und das andere Mal dagegen in Richtung auf Lebensverachtung.

Goodmans Kriegsdienstverweigerung

Soweit ich weiß, ist Goodman Verweigerung des Kriegsdiensts im Zweiten Weltkrieg niemals einer kritischen Würdigung unterzogen worden. Ich versuche dies, indem ich hier auf eine spezifisch deutsche Diskussion in den 1980er Jahren zurückgreife, nämlich den Vorwurf, der Pazifismus habe Auschwitz erst möglich gemacht.

Am 15. Juni 1983 sagte Heiner Geißler, damals CDU-Generalsekretär und Bundesfamilienminister, im Bundestag während einer Debatte mit den Grünen, damals noch eine pazifistische Partei, der Pazifismus der 1930er Jahre habe Auschwitz erst möglich gemacht. Im Parlament brach Tumult aus und es hagelte Kritik. Geißler wies die Kritik zurück. Mit seiner Bemerkung habe er nicht den Pazifismus des KZ-Häftlings Carl von Ossietzky gemeint, sondern die pazifistischen Strömungen sowohl in Frankreich als auch in England, die eine Beschwichtigungspolitik gegenüber den Nazis begünstigt hätten. Diese Beschwichtigungspolitik habe Hitler ermutigt, andere Länder zu überfallen und seine rassistische Politik bis zum Massenmord auszutoben. Der Friedensaktivist Stefan Philipp erklärte eine solche Argumentation für infam und betonte, Auschwitz habe komplett und nur in der Verantwortung der Deutschen gelegen.

Die Erklärung von Philipp ist ihrerseits kaum stichhaltig. Das Böse kann sich nur entfalten, insofern ihm kein Widerstand entgegen gesetzt wird. Selbstredend lag Auschwitz im alleinigen Verantwortungsbereich des deutschen Staats. Dennoch lautet eine berechtigte Frage, ob und in welcher Weise der Holocaust von außen hätte verhindert werden können. Und tatsächlich gab es in England und in Frankreich ebenso wie in den USA sehr starke politische Kräfte, die einem neuen paneuropäischen Krieg auf jeden Fall ausweichen wollten, Kräfte, zu denen wie gesagt auch Paul Goodman gehörte. Die nachgiebige Haltung Deutschland gegenüber wurde begünstigt durch das schlechte Gewissen der Sieger im Ersten Weltkrieg, dass der Versailler Vertrag für Deutschland eine Demütigung dargestellt hat und es eine gewisse Berechtigung gab, ihn korrigieren zu wollen.

Halten wir fest: Man kann Nachgiebigkeit dem Bösen gegenüber als Mitgrund dafür anführen, dass das Böse sich ausbreitet, obwohl Jesus dazu aufforderte, dem Bösen gerade keinen Widerstand entgegenzusetzen. Ein Politiker, der für eine Partei spricht, die sich christlich nennt, sollte daran zumindest einen Gedanken verschwenden und uns erklären, wie beides zusammen passt.

Aber ist die Kennzeichnung des Pazifismus als «Nachgiebigkeit» oder als Haltung, die dem Bösen keinen Widerstand entgegen setzt, richtig? Das wäre eine Verkürzung des Pazifismus. Der Pazifismus kann durchaus kämpferisch sein, und in dieser Weise verstehe ich Goodman. Die Mittel der Wahl zu diesem Kampf sind freilich nicht Schusswaffen und Bomben.

Gehen wir nun zum Gegenangriff über. Denn was das Geißler-Statement offen lässt, ist die Frage, zu welchem Zeitpunkt und mit welchen Mitteln England und Frankreich vor dem Herbst 1939 hätten gegen Nazi-Deutschland vorgehen sollen und können, wenn nicht Pazifisten die beiden Staaten daran gehindert hätten. Übrigens ein Zeitpunkt, zu dem zwar Juden und andere ethnische, religiöse und politische Missliebige in Deutschland verfolgt und getötet wurden, aber der Horror des Holocausts noch nicht eingetreten war. Dagegen hatte in der Sowjetunion der Holodomor bereits stattgefunden, ebenso wie Massenerschießungen, Deportationen in Lager und Zwangsumsiedlungen an der Tagesordnung waren, ohne dass eine ausländische Macht daran dachte, dort einzugreifen.

Stefan Blankertz

Nach meiner Übersicht hat niemand versucht, die Frage zu beantworten, zu welchem Zeitpunkt und mit welchen Mitteln England und Frankreich bei entsprechender Stimmung in der Bevölkerung Nazi-Deutschland hätten stoppen sollen und können. Die Zurückhaltung von England und Frankreich hängt überhaupt nicht am Pazifismus, sondern am Völkerrecht und an der von Immanuel Kant formulierten, unbestreitbaren Bedingung des Friedens, die eine Einmischung in die inneren Angelegenheiten eines anderen Staats verbietet.

Erinnert sei überdies daran, dass England und Frankreich zur Zeit des Ausbruchs des Zweiten Weltkriegs Kolonialmächte waren, die in ihren Kolonien unfassbare Gewaltverbrechen begingen. An die Gewaltverbrechen in der ab 1941 zu den Alliierten gehörenden Sowjetunion habe ich schon erinnert. Letztlich muss man zugeben, dass nicht Gut gegen Böse, vielmehr Böse gegen Böse Krieg führte.

Vermutlich hätte ein Angriff auf Deutschland 1933 für England und Frankreich, wenn sie entsprechend gerüstet gewesen wären, zu einem schnellen Sieg geführt, denn Deutschland war zu diesem Zeitpunkt eben noch nicht für einen Krieg ausgestattet. Aber nach welchem Prinzip hätte ein solcher Angriff durchgeführt werden können? Das Prinzip müsste lauten: Sobald im Nachbarland etwas geschieht, was mir nicht passt, darf ich intervenieren. Es ist ganz klar, dass dieses Prinzip zu einem sofortigen allseitigen Krieg führen würde.

Mit dem gleichen Prinzip, nämlich immer dann kriegerisch intervenieren zu dürfen, wenn einem in einem Nachbarland etwas nicht passt, könnte man argumentieren, eine Intervention von westlich-demokratischen Staaten oder eben Kolonialreichen in Russland nach der Oktoberrevolution 1917 hätte die Verbrechen des Stalinismus verhindern können. Sicherlich waren diese Staaten gegen Ende des Ersten Weltkriegs ziemlich ausgepowert, aber das war Russland auch. Vor allem mit der Unterstützung der USA hätten sie in Russland vielleicht obsiegen können.

Oder nicht? Diese Frage erinnert an den Umstand, dass es nicht nur darum geht, ob der Plan einer Intervention moralisch gerechtfertigt, sondern auch, ob er militärisch zu gewinnen sei. Moral allein bewirkt gar nichts. Man wird, so man bei Sinnen ist, keine Macht der Welt angreifen, gegen die man zu schwach ist, und sei diese Macht so böse, wie sie will. Wer für moralisch gerechtfertigte Waffengänge gerüstet sein will, muss so lange aufrüsten, bis er der stärksten irdischen Macht gewachsen ist. Auf dem Weg dorthin wird er dann jede Menge Unrecht tun müssen. Dann dort angelangt, wird er sich an die ursprünglichen moralischen Prinzipien noch erinnern? Tritt er in den Krieg für das Gute ein, wird er dann, wenn das Böse bereit ist, für den Sieg jede Gräueltat zu begehen, sich zurückhalten, seinerseits die gleiche Gewalt unter Missachtung der Moral einzusetzen? Und wenn er die Moral achtet und darum schließlich unterliegt, wofür all die Opfer auf dem Weg?

Wer im Paradigma des Kriegs verbleibt, kann die Moral vergessen.

Zum Abschluss ein Gedicht des chinesischen Daoisten Ruan Ji, der 210 bis 263 gelebt hat, aus seinem Zyklus *Zustandsbeschreibungen* in meiner eigenen Nachdichtung:

als junger bursche schießen gelernt
mysteriös talentiert größte gegner bezwungen
die regenbogenpresse kündete vom helden
mein ruf eilte mir voran
stählte das schwert im wüstensand
tränkte die rösser mit wildpiss
die fahne die fahne woran
marschierte zum takt der trommeln
trunkene truppen stimmen mich traurig
stimmen mich traurig heute wenn
ich zurückdenke an frühere zeiten
ich bereue und ich widerrufe

Stefan Blankertz

Willi Butollo, Marion Krüsmann, Maria Hagel
LEBEN NACH DEM TRAUMA[1]
Über den therapeutischen Umgang mit dem Entsetzen

Kollektive Traumatisierung

Die Psychologie der Traumatisierung beschäftigt sich primär mit der Auswirkung von Schockerlebnissen auf Einzelne und vielleicht auch noch mit den Folgen, die diese bei Angehörigen bzw. bei Mitgliedern des unmittelbaren sozialen Umfeldes der Betroffenen nach sich ziehen. Im weiteren Sinne kann dabei von einer speziellen Art von Bystander-Traumatisierung gesprochen werden: Angehörige erleben die Verletzung, Demütigung oder den Verlust eines Familienmitglieds.

Wenn die Traumatisierung jedoch individuelle Schicksale so massiv übersteigt – hinsichtlich der Anzahl der Betroffenen, Häufigkeit, Intensität und Dauer -, so ist mit kollektiver Traumatisierung zu rechnen. Eine ganze Gemeinschaft oder ein ganzes Volk entwickelt dann auf Anhieb nicht zu identifizierende Reaktionen auf diese Traumatisierung. […]

Das buchstäblich unsägliche Entsetzen im Zusammenhang mit dem Massenmord an jüdischen und anderen Minderheiten im Deutschland des Nationalsozialismus haben eine Kettenreaktion an kollektiver Traumatisierung sowohl bei den Angehörigen der Opfer wie auch bei denen der Täter nach sich gezogen, bei Letzteren allem voran und über die Generationen

1   **Aus:** Willi Butollo, Marion Krüsmann, Maria Hagel, *Leben nach dem Trauma. Über den therapeutischen Umgang mit dem Entsetzen.* 1998. Mit freundlicher Genehmigung der Autoren als Vorabdruck einer Neuauflage und Übersetzung ins Englische, die wir im Rahmen des InKontakt Instituts planen.

hinweg die Scham als eine Art dominantes Gefühl, sofern sie überhaupt schon psychisch stark genug waren oder sind, diesem Grauen emotional zu begegnen.

Dan Bar-On hat sich darangemacht, die psychischen Folgen auf beiden Seiten zu beleuchten. Nicht nur stellte er fest, dass das kollektive Schweigen in Deutschland und Österreich nicht ausschließlich auf Missachtung des Geschehenen zurückzuführen ist, wie von israelischer Seite manchmal anklagend gedeutet. Nein, das Ausmaß der Scham, das diese Taten heute noch auslöst und vermutlich auch in den nächsten Generationen noch auslösen wird, ist in seinem vollen Umfang einfach nicht zu verkraften. Es braucht wohl die psychische Stärke von Generationen, um auch kollektiv zu diesen Vorgängen stehen zu können.

Doch während wir noch hinsichtlich der NS-Zeit um Fassung ringen, ereignet sich praktisch vor unserer Haustür Ähnliches – zwar nicht vergleichbar hinsichtlich der betroffenen Bevölkerungszahl, jedoch durchaus vergleichbar hinsichtlich des zwischenmenschlichen Abgrundes, der sich dabei auftat. Auch hier wäre es falsch, eine Nation zu stigmatisieren – vielmehr sind es auch hier konkrete Menschen, die dieses verübten. Durch ein vorübergehend unüberschaubar gewordenes politisches Vakuum konnten sie an die Macht kommen und sich mittels Gewalt dort halten. Es ist nicht die eine oder die andere Nation, die ein bestimmtes aggressives oder destruktives Verhalten zeigt und Grauen verursacht, es sind in jeder Gesellschaft einzelne Menschen, die morden, foltern, oder missbrauchen. Wir müssen lernen, das Grauen als von uns verursacht anzuerkennen – es nach außen, etwa an ein Volk, eine Partei, eine Religion zu delegieren, ist nichts als ein billiger Dissoziationsversuch derer, die das Potential zu Derartigem bei sich selbst leugnen wollen. Sie sind es, die diese Gefahr aufrechterhalten – oder gab es Genozid-Täter, die sich nicht für besser hielten als ihre Mitmenschen?

Die Eindrücke aus einigen meiner Reisen nach Bosnien

während und nach dem Krieg, teilweise an anderer Stelle bereits veröffentlicht, werden hier auszugsweise zusammengefasst. Sie sollen schlaglichtartig aufzeigen, was unter «kollektiver Traumatisierung» zu verstehen ist: Zusammenbruch des Vertrauens in die Wirkung des eigenen Handelns und Planens, Konzentration auf lebenserhaltende Tätigkeiten, extreme Stressanfälligkeit in sozialen Systemen und Tendenz zu autorität-hierarchischen Organisationsformen, Abkehr von konstruktiven politischen Aktivitäten, Betäubung unverarbeiteter Verletzungen durch Substanzmissbrauch (Medikamente, Alkohol, Nikotin, etc.) kollektiver Sarkasmus und negative Zukunftserwartungen, tiefes Misstrauen in Staat und politische Strukturen. [...]

Systemische Entwurzelung und jugendliche Grandiosität

Zuerst ist zu bedenken, dass die Soldaten ja oft von der militärischen Organisation her spezifisch dahingehend trainiert und aufgebaut werden, ihre normalen «Rambophantasien» noch zu übersteigern bis hin zu ekstatischen Bewusstseinszuständen. Unter dem Einsatz gewisser Prinzipien der Gehirnwäsche werden sie so «aufgebaut», dass sie Illusionen der Unsterblichkeit ihrer Truppe entwickeln. [...]

Durch Traumatisierung wird nun die durch Indoktrination verstärkte, ursprünglich aber durchaus normale jugendliche Grandiosität gewissermaßen fixiert und dadurch ihre Überführung in reifere Prozesse der Selbstkonstitution behindert. Es kommt also durch die Traumatisierung im Jugend- und frühen Erwachsenenalter zu einer nachhaltigen, und später nur mehr schwer behebbaren, Störung des psychischen Reifungsprozesses. Ziel einer späteren Therapie müsste demnach sein, diesen Reifungsprozess wieder möglich zu machen, indem in verkraftbaren Dosen die neue Realität und damit in schmerzlicher Weise die Grenzen der eigenen Macht erfahren wird. Diese Arbeit würde die Richtung der Entwicklung hin zu einem stabilen Selbst und hin zu realistischen Lebenszielen fördern. [...]

Willi Butollo

Van der Kolk weist auch darauf hin, dass die Verbindung zu den engen Kampfgefährten eine Art konfluente Verbindung ist, so als würde der Gefährte eher als eine Erweiterung des eigenen Selbst fungieren und nicht als unabhängige andere Person erlebt, mit der ein reifer Kontakt möglich ist. Durch den Tod des Gefährten kommt es so vielmehr zu einer Verletzung des eigenen Selbst und weniger zu einem Verlusterlebnis. [...]

Der posttraumatische Narzissmus macht die therapeutische Arbeit natürlich nicht einfacher. Die betroffenen Personen entwickeln Persönlichkeitszüge, die durch eine fordernde Haltung charakterisiert sind, sie sind schwer zufrieden zu stellen, irritierbar, zornig und neigen zu cholerischen Temperamentsausbrüchen, wobei die Ursache der eigenen Probleme stets bei den anderen gesehen wird. [...]

Körperliche Gesundheit und kollektive Traumatisierung

Wie immer im Fall von Traumatisierung ist auch hier die Therapiemotivation, die Krankheitseinsicht, eines der Hauptprobleme. Traumatisierte leiden, wenn überhaupt, unter körperlichen Belastungen und Krankheiten, sie würden ihre psychischen Probleme nicht als traumabedingt erkennen, sondern bestenfalls als Reaktion auf gegenwärtige widrige Lebensbedingungen ansehen wollen. Traumatisierung reduziert eben auch die Selbstwahrnehmung, die Selbsteinsicht und die Wahrnehmung der eigenen psychischen und körperlichen Bedürfnisse. Die Selbstregulierung des Körpers und der Seele scheint irgendwie außer Funktion gesetzt.

Traumatisierung wirkt wie eine Betäubung, die häufig durch Substanzmissbrauch noch verstärkt wird. Die Belastung des Körpers wird dadurch jedoch nicht reduziert, sondern nur die Wahrnehmung dieser Belastung wird ausgeschaltet. Therapieangebote werden auf dem Hintergrund dieser eher abwehrenden Grundhaltung nur in seltenen Fällen wahrgenommen. Hierzu bedarf es einer umfassenden Aufklärung über Zusam-

Willi Butollo

menhänge, über die Wirkung von Traumatisierung, anschlie-
ßende psychische und körperliche Befindlichkeit, die typischen
Krankheiten und die Gefahr, auch bei scheinbar vordergründi-
gen Auslösern mit Depression, Wut oder Verzweiflung zu rea-
gieren. Vor allem sollte der Zusammenhang zwischen der traumatischen Erfahrung und den traumatypischen Symptomen
einschließlich der Abwehrreaktion in das Bewusstsein der Bevölkerung gerückt werden.

Bedingungen und Möglichkeiten posttraumatischen Kontaktes

Was zuletzt deutlich angeklungen ist, sind die Abhängigkeiten,
die sich zwischen dem Menschen und seiner Umwelt abspie-
len. Wer in einer gnadenlosen oder lebensfeindlichen Umwelt
lebt, wird sich in der Regel an diese Bedingungen irgendwie an-
passen müssen, um sein eigenes Überleben zu sichern. Wie wir
schon kurz erwähnten, wurden diese Abhängigkeiten bereits
von Kurt Lewin, einem Gestaltpsychologen, in seiner Theorie
des Lebensraumes theoretisch aufgegriffen und empirisch un-
tersucht. Neben der Lewin'schen Feldtheorie, auch Theorie des
Lebensraumes genannt, wurde in den bisherigen Ausführun-
gen eine Reihe von weiteren Konzepten angeschnitten oder
aufgegriffen, deren gemeinsame Hintergrund in der Entwick-
lungslinie von der Gestaltpsychologie zur Gestalttherapie hin
zu finden ist. Martin Buber und seine Philosophie des Dia-
loges, das Konzept einer erlebnisorientierten Therapie bei
Fritz Perls, gestaltpsychologische Wahrnehmungsgesetze, viele
der zuvor erwähnten Theorien und Annahmen und alle die
hier entwickelten Ansätze zur Behandlung traumabedingter
Störungen basieren zu einem erheblichen Teil auf Gestalttherapie und damit der Gestaltpsychologie. Daher wird in diesem
Kapitel ein kurzer Überblick über diese beiden Richtungen gegeben. Wir konzentrieren uns dabei allerdings auf die Konzepte, von denen wir annehmen, dass sie für das Thema «Umgang
mit Traumatisierung» besonders relevant sind.

Willi Butollo

Die dialogische Haltung

Das dialogische Prinzip in der Gestalttherapie geht nun davon aus, dass die Qualität der Beziehung zwischen Therapeut und Klient den vielleicht wichtigsten Aspekt im therapeutischen Prozess ausmacht. Diese Beziehung ist getragen von den Grundwörtern Ich-Es und Ich-Du.

Existenzieller Dialog ist geprägt von einer Haltung der Gegenseitigkeit, in einer gleichberechtigten Beziehungsstruktur, die getragen ist von Wärme, Akzeptanz, Selbstverantwortung und Unterstützung.

Das «Dialogische Prinzip» Martin Bubers unterstreicht, dass menschliche Beziehungen – um echt menschlich zu sein – einer umfassenden, gegenseitigen Bestätigung bedürfen. Das heißt, um einander mit Achtung begegnen zu können, muss man unterschiedliche Meinungen respektieren; die Dialogpartner sollten versuchen, sich dort zu treffen, wo genügend Raum zur Förderung ihrer Verschiedenartigkeit, für Wachstum und kreative Anpassung vorhanden ist. Traumatisierte Menschen sind häufig gerade in ihrer Kontaktfähigkeit und Beziehungsfähigkeit beeinträchtigt – und dies nicht nur nach von Menschen verursachten Traumatisierungen. Oft begegnen sie uns misstrauisch und voller Angst, ziehen sich beim ersten Kontakt in sich selbst zurück und sind nur schwer zu erreichen. Diese Grenze zu respektieren und gleichzeitig das eigene Interesse und die eigene Anteilnahme zu transportieren, offen zu sein für die Verletzungen, ohne deren Preisgabe zu forcieren, ist unseres Erachtens eine Herangehensweise, die gerade aus der dialogischen Haltung erwächst und in der Beziehung mit traumatisierten Menschen besonders angezeigt ist. [...]

Die organismische Selbstregulation

Die organismische Selbstregulation vollzieht sich normalerweise ohne Mühe, im Fluss des Lebens. Wird sie jedoch langfristig gestört, kann sich die Selbstregulation des Organismus quasi einfrieren. Das bedeutet, der Organismus kann seine

Grundfunktionen weiter aufrechterhalten, viele Bedürfnisse aber können nicht mehr adäquat wahrgenommen werden, deren Verwirklichung ist blockiert, die Entwicklung stagniert.

Aus diesen Annahmen folgt konsequenterweise der zentrale Kern der Therapie: Durch Kontakt und Unterstützung gilt es wieder die Möglichkeit zu schaffen, die aus dem Organismus entstehenden Bedürfnisse wahrzunehmen und zu erfüllen. Der Ort, an dem diese Erfüllung vollzogen wird, ist für ihn die Ich-Grenze oder auch die Kontaktgrenze.

Kontakt an der Grenze

Eine dysfunktionale Umwelt führt also zu einer gestörten bzw. gespaltenen Struktur der Selbstanteile, zu einem nicht stützenden Hintergrund und verhindert so Kontakt, was zu Störungen der Integration und Organisation von Erfahrungen führt. Diese zeigen sich den Therapeuten zum einen in der Art und Weise, wie ein Klient in Kontakt tritt, aber auch in Form von Symptomen und Beschwerden.

Der beschriebene Prozess einer Reduzierung der Kontaktfähigkeit ist bei der Bewältigung von traumatischen Erfahrungen in aller Deutlichkeit zu erkennen, denn hier erlebt der Mensch seine Umwelt in radikalster Form dysfunktional und zerstörerisch.

Kurt Lewin und die Feldtheorie

Denn die Feldtheorie lehrt uns, dass psychisches wie auch physisches Befinden nicht als eine serielle Abfolge, von einem zum nächsten Ereignis sich fortbewegend, gesehen werden kann. Es ist eher eine Art von ausgewogenem oder eben kippendem Gleichgewicht in unserm Lebensraum, bedingt durch eine Vielzahl von simultan wirkenden Elementen.

Diese Balance ist in jedem Augenblick neu zu finden, zu verändern, anzupassen. Starke Verunsicherungen, Abweichungen von dieser Balance irritieren und lösen Gegenmaßnahmen aus. […]

Willi Butollo

Es ist immer Erleben und Verhalten der Klienten und nicht die Wirklichkeit der Therapeuten, auf die es ankommt: es ist das augenblicklich verlorene Vertrauen in die Welt, in die Beziehungen, es ist das jetzt, in akuten Gestalten subjektiver Wirklichkeit verlorene Gleichgewicht, das zählt, das anzuerkennen ist, das vielleicht so verschieden von unserem eigenen ist, dass wir es uns beschreiben, erklären lassen müssen. Es ist bei der Behandlung von traumabedingten Folgen wichtig zuzuhören, andere Wirklichkeiten zu sehen und zu akzeptieren. Und dies gilt besonders bei der Behandlung von Menschen, die durch Folter- oder Kriegsverbrechen aus ihrer eigenen Kultur gerissen wurden und bei uns behandelt werden. Hier kann man am deutlichsten sehen, dass wir vielmehr fragen müssen: «Wie hast du es in deiner Welt gemacht, dass du dich sicher fühltest oder unsicher» und «Was brauchst du, um dich in deinem Leben sicher zu fühlen?»

Willi Butollo

KUNSTWERKE | ARTWORKS

My Spirit Angel

My Spirit Angel, Maße 25 × 25 cm. Mischtechnik auf Leinwand.

NOUR ALABRAS Lange Zeit fiel es mir schwer, meine Gefühle in Worte zu fassen, also wurde die Leinwand zu meiner Sprache. Meine Gemälde sind ein Dialog – ein fortlaufendes Gespräch zwischen mir und meinen Emotionen, meinen Träumen und Albträumen, der Dualität in mir und der stillen Trauer um meine geliebte Großmutter, die vor Kurzem verstorben ist. Jeder Pinselstrich, jede Schicht ist ein Blick in meinen inneren Raum, eine Offenbarung dessen, was nicht ausgesprochen werden kann. Ich folge einem intuitiven Prozess – einer automatischen Technik, bei der das Denken zurücktritt und das Fühlen übernimmt. Meine Hand bewegt sich frei, geführt von Emotionen statt von Logik. Mit Acryl, Collagen und Kohle lasse ich Texturen und Formen organisch entstehen und schaffe abstrakte Ausdrucksformen meiner inneren Welt. Was mich am meisten fasziniert, ist die Art, wie meine Werke mit dem Betrachter interagieren. Da meine Bilder tief in meinen Gefühlen verwurzelt, aber abstrakt sind, werden sie zu Spiegeln – jeder Mensch sieht etwas Eigenes darin, und doch spürt er die rohe Essenz, die ich hineingelegt habe. Dieser Austausch, in dem sich meine Emotionen mit denen der Betrachter verbinden, ist es, was meine Kunst lebendig macht. Die für diese Ausstellung ausgewählten Werke sind für mich von besonderer Bedeutung. Sie entwickelten sich gemeinsam mit mir, geprägt von meinem persönlichen Wachstum und meinen Studien in der Gestalttherapie. Sie erforschen Themen des Loslassens – das Lernen, geliebte Menschen gehen zu lassen – und das ewige Gleichgewicht von Yin und Yang. Diese Werke sind nicht nur Gemälde, sondern ein Prozess, eine Transformation, eine neue Art, die Welt zu sehen. **2025 till present:** Freelance Visual Artist & Photographer. Self-Discovery through Art & Photography. **2019 till 2024:** Eed Be Eed e. V., Berlin. Photographer. **2020 till 2022:** Amano Home Hotel Berlin Front Desk Agent.

Die stehende Frau im Blau hat eine neue Welt bekommen

Drei Bilder aus dem Zyklus *Die stehende Frau im Blau hat eine neue Welt bekommen.* Maße: 140 × 132 cm. Technik: Acryl auf Papier.

ARWA AZZOUZ **Since 08/2024:** Psychological counselor and supervisor for the BADAEL e. V. team, promoting transformative justice as a foundation for true and sustainable peace in Syria. **Since 01/2024:** Gestalt therapist and psychological counselor for individuals and groups in private practice. **Since 03/2016:** Self-employed artist and art workshop instructor for children and adults. **Since 05/2024:** Board member of UNS e. V., an association for psychological education and counseling for migrants. **Since 03/2024:** Board member of Vorwärts Team Europa, an initiative that fosters cultural exchange and interactions in nature through hiking. **12/2021 till 06/2023:** Internship/Training Therapy and Self-Experience in Art Therapy, Art, and Gestalt with Nicole F. Brémond during Gestalt Therapy Training. **12/2022 till 11/2023:** Sales associate at Neurotitan Shop and Gallery, responsible for buying and selling artworks and comic books, as well as co-organizing art exhibitions. **2017 till 2022:** Participation in theater performances and theater workshops. **06/2019 till 12/2021:** Educational caseworker and employee at Lebenswelt GmbH, working with children and youth in the «Play Stars» inclusion project at Rixdorfer Grundschule, Berlin.

Nostalgia

Nostalgia, Maße: 70 × 50 cm. Material: Collage (Papier, Stoff, Perlen).

Das schöne Leben und die blühende Zukunft streichen nie die Erinnerungen weg. Die Natur, Kultur, Straßen, Menschen und das Dazugehören bleiben als der aller wichtigste Teil meines Selbst bis der letzte Punkt im Leben erreicht ist.

SHADIA ABOU HAMDAN 1991 – 1994: Berufsausbildung in Elektrotechnik und Maschinenbau in Damaskus. **2002 bis 2007:** Bachelor in Medienwissenschaften, Universität Damaskus. **2006 bis 2007:** Trainingskurse in der Radiostation *Storm*, Damaskus. **Seit 2007:** Arabisch-Lehrerin an der Arabischen Schule in Berlin. **2008:** Praktikum beim Fernsehsender Al-Jazeera in Berlin. **2009 bis 2009:** Moderatorin im Internetradiosender multicult.2 (ehemals Radio MultiKulti RBB). **2009 bis 2012:** Remote-Assistentin in der Galerie «Holbein 4» in Hannover. **2011 bis 2012:** Sprach-Seminare (arabisch) bei der Siemens AG. **2013 bis 2016:** Dozenten-Tätigkeit im Sprachzentrum des Auswärtigen Amts. **Seit 2013:** Online-Kurse zur Persönlichkeitsentwicklung, Motivation und zum positivem Denken. **2011 bis 2015:** Mitarbeiterin in der Jens-Nydal-Grundschule im QM-Projekt «Eltern und Schule» für arabische Familien. **Seit 2015:** Sozialpädagogin in der Jens-Nydal-Grundschule im Schulsozialbüro. **2015 bis 2016:** Fortbildung «Neue Autorität – Gewaltloser Widerstand – Elterliche/Professionelle Präsenz». **2016 bis 2017:** Qualifizierung zur TESYA® Anti-Gewalt-Trainerin (ifgg Institut für genderreflektierte Gewaltprävention). **Seit 2016:** Chor-Sängerin im Ornina Syrian Orchestra, Luxembourg und Berlin. **Mai 2019:** «Zertifizierte Kinderschutzfachkraft / Insoweit erfahrene Fachkraft (IseF)». **Seit 2021:** 4jährige Weiterbildung in Gestalttherapie am InKontakt Gestaltinstitut Berlin.

Beautiful Worlds · Creation · Come Forward

Madlain Humaidan

Beautiful Worlds · Creation · Come Forward, Mischtechnik, Gouache und Kreiden nass auf Papier. Maße: 50 × 70 cm.

The moment of creation in cosmic space. I felt connected to this fabric that floats lonely in the void. And despite this solitude, it does not feel alone, for it is the origin of all coming beings. This piece motivated me to continue listening to the voice of my self and to support my message: I believe in myself more every day and am on the right path.

MADLAIN HUMAIDAN Since my childhood, my passion has guided me into the world of authorship and creativity, where I strive to help humanity evolve through my life philosophy. I focus my storytelling and artistic works on themes that explore and address the mysteries of existence, striving towards noble goals within a vibrant and artistic environment. Currently, I am working on completing my first book, which features foundational stories of the «Lomlays» world, a realm based on shared perception and a singular truth. The book includes dreamy expressive illustrations that invite reflection on the inner world and a return to childhood dreams. Additionally, I incorporate psychological art tests that aid readers in exploring their fundamental life orientations and addressing issues they may wish to tackle, beyond mere conscious answers. **Master 2018 till 2022:** Fine Arts – Artistic Concepts at Philipps University of Marburg, Final thesis: «World Design and Truth». **Bachelor 2012 till 2016:** Fine Arts at University of Damascus, Syria, Final thesis: Representation of human bodies and facial expressions. **Further education 2024 till 2025:** Flight and identity – in the focus of design-advisory work at InKontakt Gestaltinstitute Berlin, Germany. Self-awareness in art therapy at InKontakt Gestaltinstitute Berlin, Germany.

LECTURES ENGLISH

Anniversary Conference
10 YEARS OF
INKONTAKT GESTALT INSTITUTE BERLIN[1]
Gabriele Blankertz

After a decade, it is time to pause and reflect on what has been created at the InKontakt Gestalt Institute Berlin. This institution was founded with the vision of establishing a space for personal growth and spiritual development – where encounters with others are cultivated as healing moments. It offers space for diversity, individuality, and authentic being in an atmosphere of appreciation. Over the past ten years, a creative and generative field has emerged here – a space for experimentation, where contradictions and unfinished processes also have their rightful place.

The institute draws inspiration from the founders of Gestalt therapy and their successors. We turn to their writings – both theoretical and practice-based – and reflect on them through the lens of our current experience. As Laura Perls put it so aptly: Gestalt learning is about «chewing through» rather than swallowing concepts or ideas whole. Perception, needs, and personal interests are to be taken seriously, rather than yielding to the perceived pressure to conform to others' expectations. This attitude is fundamental to enabling real contact, as also expressed in Fritz Perls' Gestalt prayer: «I do my thing and you do your thing.»

We invite curious minds to visit the institute and discover something that nourishes and inspires them. Curiosity and a spirit of experimentation are the driving forces behind the development of new formats and their continued evolution.

1   Translated into English by Yasemin Oruc.

The creative field that has taken shape thrives on the people who contribute – whether as participants or colleagues. It is a dynamic, open-ended process without rigid or fixed forms. Instead, there is just enough structure to provide a reliable framework for content and to support participants in their processes.

I see the institute as a living organism embedded in a social field that continuously presents us with new challenges. One of these challenges is the fact that Gestalt therapy is not recognized by Germany's public health insurance system. When this was decided through a questionable legislative process in 1999, it became clear that Gestalt therapy in Germany would depend on the initiative and creativity of those who understood its unique value. Today, we are also drawing on the experiences and research findings from other countries. At the same time, the freedom from institutional constraints allows us to foster lively, responsive processes and create suitable settings. For the training, this means that people from many different professional backgrounds – not just psychology or medicine – are represented, reflecting a broader range of life experiences and challenges similar to those of future clients. In this way, we draw from the richness of a diverse group for experiential learning and group-based self-exploration, which would be hard to achieve in a more homogeneous cohort.

The founding of the institute coincided with the refugee crisis caused by the civil war in Syria. While official services were the primary resource for arriving refugees, I was driven by a desire to understand the stories and experiences they carried with them to Germany – and to explore what I might offer as a Gestalt therapist. My contribution to these efforts was the creation of «Circle of Peace», a trauma discussion group for Syrian women. For this project, I needed someone to bridge languages and cultures – and I found that person in Arwa Azzouz.

Today, the group is led by a former participant who received Gestalt therapy training at the institute. In the following years,

Gabriele Blankertz

we co-creatively developed one-year training programs for refugees from Syria focused on processing experiences of flight and migration and fostering personal development. Based on the success of these programs, I initiated the founding of a non-profit association in 2023 to support psychological training in Gestalt counseling and therapy. In May 2024, our first four-year Gestalt therapy training program was launched in co-operation with our Syrian colleague, Dr. Mouta Barakat, a psychologist and former university professor.

Thus, this conference marking the 10th anniversary of In-Kontakt is also an acknowledgment of a decade of working with people from Syria – especially Rawaa Alsamman, who has dedicated countless volunteer hours to group work, and Arwa Azzouz, who helped launch these projects and never gave up on the vision of a free Syria where our work might one day continue at a Gestalt institute in Damascus. Today, that vision no longer feels as far away as it once did. We now train Gestalt therapists from Syria and from many other countries.

Completing a comprehensive Gestalt training is not only personally enriching and professionally valuable but also helps create the conditions necessary for peace-building work. In this sense, Gestalt training at InKontakt serves as a laboratory for peace-building processes.

To mark this milestone, we have curated a program that engages with challenging topics while providing space for dialogue and resonance. Artistic performances will frame the event. Through workshops, lectures, and discussion rounds, we create space for exchange and collaborative learning. We warmly invite all those interested to join us in celebrating this special occasion – the 10th anniversary of the InKontakt Gestalt Institute Berlin.

Mouta Barakat
MY JOURNEY AS A PSYCHOTHERAPIST UNDER DICTATORIAL RULE[1]

Introduction

Living under an authoritarian regime influences every aspect of daily life, embedding fear, silence, and psychological trauma deep within society. This text is a personal testimony of my journey as a psychotherapist, navigating the constraints, dangers, and ethical challenges of providing psychological care within a system rooted in oppression. From childhood memories of political violence to professional obstacles in therapy, education, and exile, this experience explores the complex relationship between mental health and dictatorship, where mere survival becomes a psychological battle.

In this concise account, I seek to share my personal experience outside the realm of abstract academic discourse. I will highlight key moments that shaped my professional and political awareness without drawing comparisons to others' experiences, whether in Syria or in other countries under authoritarian rule. Such comparisons may be more suitable for future work.

Beginnings: The Fear That Accompanies Us Since Childhood

Before becoming a psychotherapist, I was acutely aware from a young age that the fear of the police and intelligence services was not just a passing feeling but an enduring reality. The law was not a source of protection but a persistent threat. We knew

---

1 Written in English and Arabic. A copy of the Arabic version of the lecture can be obtained by the Institut.

that some people could disappear without anyone being able to save them—indeed, several of my relatives had already vanished. As I prepared to enter university, I was fully conscious that I could be arrested at any moment, not for any clear reason but simply due to my social and religious background and my family's lack of affiliation with the ruling regime. Many of my peers and neighbors shared this same apprehension.

Childhood Memories Marked by Silence and Fear

I vividly recall how my father avoided commenting on the sounds of clashes that erupted during a military coup attempt in 1966, even though the presidential palace was merely two kilometers from our home. At the time, he tried to reassure us by saying that the noise was nothing more than the sound of store shutters closing.

In 1970, when I was in the fifth grade, a classmate's brother was killed in a coup led by Hafez al-Assad. I had often visited my friend's home, where his older brother, a fighter pilot, would joke and play with us occasionally. When I learned of his death and noticed my friend's absence from school, I felt the need to express my condolences via the school broadcast. However, the school principal quickly grabbed the microphone from my hands, sternly warning me never to speak about politics again. That warning profoundly shaped my early awareness of the fear ingrained in society.

Coping with Violence in the School Environment

As I grew older, fear was no longer confined to the family, it extended into school life as well. Students were pressured to join the Ba'ath Party and the Revolutionary Youth Organization, and we witnessed violent scenes in the implementation of military training principles.

During that period, my friends and I became increasingly interested in the philosophy of nonviolence, influenced by the writings of Sheikh Joudat Said on the issue of violence in

Islamic societies. These ideas planted within me a deep desire to study psychology in order to understand violence and its effects, marking the beginning of my professional path.

The Harsh Experience:
Arrest and Continuing the Journey

In 1982, during my second year of university studies, I was arrested and tortured for 40 days, reinforcing my conviction that violence is a grave disease consuming both its perpetrators and victims. This experience led to a year-long interruption in my studies, but I returned with a strong desire to pursue psychotherapy. However, there were no local training opportunities, prompting me to consider studying in France. Unfortunately, legal restrictions prevented this, as I could not even obtain my graduation documents before completing military service. Ultimately, the only viable path was to apply for a university teaching assistant position, which granted me the possibility of studying abroad.

My Academic and Professional Journey
Amid Political Constraints

As a teaching assistant, I had no freedom to choose my destination for further studies. Most scholarships were directed toward the Soviet Union, which I did not desire. After a long wait, I was finally offered an opportunity to study in Poland, which I eagerly accepted due to my awareness of the political transformations taking place there. At the time, the «Solidarity» movement was leading a peaceful struggle to change the communist system. This experience was profoundly inspiring, strengthening my belief that meaningful change could be achieved through nonviolent means if the right conditions were met. I was certain I would learn much from this experience during my time in Poland.

Academic Specialization and Focus
on Therapeutic Psychology

In Poland, I was introduced to Gestalt therapy, alongside other approaches such as client-centered therapy (Rogers), cognitive behavioral therapy, and transactional analysis (Berne). I avoided psychoanalysis due to its lengthy and indefinite study requirements. During my doctoral studies, I chose to focus on the impact of domestic and school violence, exploring their interrelationship and reciprocal influences in my dissertation.

Why did I delve deeper into Gestalt therapy and Rogers' client-centered approach? I sensed that the struggles faced by the Syrian people under oppression were profound human challenges affecting spiritual, social, and emotional aspects – not merely behavioral disorders. Gestalt therapy resonated with me as a method that could be swift, powerful, and holistic, while the client-centered approach restored dignity and agency to individuals seeking counseling without imposing theories or solutions upon them. I deeply appreciated this positive approach, which stood in stark contrast to the oppressive treatment individuals endured within both the family and the broader society governed by authoritarian rule.

Returning to Syria:
Striving for Change and Practicing Psychotherapy in Reality

In 1994, I returned to Syria and began working on domestic violence issues, collaborating with experts from law, sociology, and psychiatry to develop national strategies for addressing both victims and perpetrators of abuse. This marked a gradual realization of my longstanding dream to make a tangible difference in combating societal violence.

After years of work, I was forced to leave Syria in 2012. I could only return for a brief visit early 2025, after the fall of the regime.

Direct Threats Faced as a Psychotherapist

As a practicing psychotherapist and trainer in mental health, I encountered various threats from multiple sources, necessitating extreme caution in my professional conduct. Some of the most significant challenges included:

1. *Receiving Former Detainees and Their Families:* Some former detainees and their families sought psychological support after experiencing severe trauma during imprisonment. Many approached me because they knew of my own past experience with detention, believing I could empathize with their suffering. Such cases began emerging in the late 1980s, before I had formal professional training. At that time, I could only offer general emotional support. Additionally, due to the lack of a secure clinic, I had to meet individuals in my university office or public spaces, limiting open discussions. When I established my private clinic in 2003, I gained a safer environment to provide therapy. Many clients exhibited symptoms of depression or family issues without initially recognizing their connection to past imprisonment experiences.

2. *Security Pressures to Extract Information:* Occasionally, intelligence personnel sought details about specific individuals I treated, posing a direct threat to my professional integrity. This risk was heightened by the absence of an official psychotherapy license in Syria, where my clinic operated as an academic unit affiliated with the university. Attempts at coercion took the form of interrogations under false pretenses, aimed at pressuring me into cooperating by disclosing patient information. Accusations varied, ranging from alleged communication with foreign informants to leaking information that endangered national security. As a result, I was barred from traveling abroad for an extended period. At one point, an official threatened me, claiming they could fabricate charges of child harassment against me—potentially destroying my reputation, particularly since I conducted training sessions on domestic violence. This threat deeply concerned me and led me to implement strict

measures in my clinic, such as ensuring no private sessions without a third-party presence and requiring session recordings. However, these precautions were often unacceptable to many clients, sometimes leading them to discontinue therapy.

3. *Surveillance of Therapy Sessions:* A striking example of security intervention in my work involved a high-ranking official's wife, who was under constant surveillance. Later, I discovered her husband had been using listening devices to monitor her therapy sessions with me. While this revelation was unsurprising, it confirmed the fragility of confidentiality in psychotherapy under authoritarian rule. I became extremely cautious in every session, avoiding any remarks that could be used against patients. At times, I found it difficult to distinguish between genuine threats and my own paranoia – an experience shared by many individuals navigating life under dictatorship.

4. *Handling Cases of Domestic Violence Within Politically Sensitive Environments:* My clinic received diverse cases, but among the most challenging were those involving individuals close to the regime. One such case was a young woman subjected to physical and psychological abuse by her father, whom she later revealed to be a security officer responsible for interrogations and torture. Fear was not limited to her suffering, extended to the possibility of her father discovering the therapy sessions and retaliating against both of us.

Given the impossibility of legally confronting him due to his influence, I focused on helping her develop strategies to minimize confrontation, recognize warning signs of his anger before escalation, and adopt behavioral techniques to reduce the risk of harm. The therapy successfully aided her in processing fear, improving emotional resilience, and constructing personalized safety plans—tools that provided her with essential protection in a daily life fraught with danger. This case profoundly impacted me as a therapist, as it mirrored the helplessness experienced by many people unable to defend themselves against oppressive authority.

5. *Interacting with Official Institutions and Its Impact on My Work*: Due to my involvement in domestic violence advocacy, I was required to collaborate with governmental institutions, some of which operated under the supervision of the president's wife. Efforts were made to establish a national strategy to combat domestic violence through multidisciplinary teams, necessitating my participation in meetings with influential figures within the regime.

Because of this interaction, some began perceiving me as a collaborator with the system, affecting my professional standing and fueling concerns regarding my political stance. Occasionally, I openly expressed my opposition to government policies in media appearances, training sessions, and lectures, aiming to clarify my dedication to human rights without allowing my professional role to be misinterpreted.

Obstacles in the Social Environment and Their Impact on Psychotherapy: Psychological Therapy in a Climate of Fear In a healthy environment, psychotherapy relies on building safe and open relationship, where the patient feels free to express their emotions and concerns. However, in a society governed by violence and repression, people fear speaking openly, even in their most private spaces.[2] The culture of fear was deeply entrenched,[3] and the concept of therapeutic confidentiality was not widely trusted – even among those seeking treatment. This was particularly evident in group therapy, where trust was nearly nonexistent, leading most participants to prefer individual sessions.

2   Faust, V. (n.d.). *Macht und Machtmissbrauch aus psychologischer Sicht.* psychosoziale-gesundheit.net/index.html

3   David, E., & Derthick, A. 2014. *What is internalized oppression?* In E. David (ed.), *Internalized oppression: The psychology of marginalized groups* (pp. 01-28). New York: Springer Publishing.

1. *Group Therapy in an Atmosphere of Anxiety and Distrust:* Despite the well-documented benefits of group therapy, I was cautious in selecting topics, focusing on academic and family-related issues while avoiding deeper subjects that could raise security concerns. I refrained from discussions on identity or broader social issues, as they required a level of openness that was difficult to control and could endanger participants.

Nevertheless, security-related fears permeated even seemingly neutral topics. In some sessions, participants would jokingly ask, «Who among us will report to the security services?» a remark intended to lighten the mood but also a serious reflection of the underlying distrust. This tense atmosphere led many to withdraw from group therapy or transition to individual sessions in search of a safer space.

— In sessions addressing «exam anxiety», students began discussing systemic corruption in the education system, including teachers favored by the authorities and organized cheating benefiting those connected to the regime. These discussions made participants uneasy for some of them, prompting many to drop out of therapy.

— In a group focused on child protection against harassment, a mother revealed that her teenage daughter had been abused by her father. When others suggested seeking legal help, she responded, «My husband is an intelligence officer – he is above the law.» This statement alone was enough to halt the discussion, as everyone realized the futility of legal intervention under such circumstances.

— In «assertiveness training» sessions aimed at building self-confidence and strengthening individuals' ability to defend their rights, conversations inevitably turned to the impossibility of confronting powerful figures shielded by the state. Rather than exploring confrontation techniques, participants reached the conclusion that withdrawal and avoidance were the only viable survival strategies.

2. *Challenges in Individual Therapy and Concerns Over Confidentiality:* Even in one-on-one sessions, patients took a long time to feel comfortable enough to disclose their traumatic experiences. Many feared speaking about topics such as the detention of a family member, workplace harassment, or daily pressures caused by political oppression.

In some cases, fear of exposure was so intense that patients used pseudonyms during their initial sessions. They would only reveal their real names after several meetings, once they felt secure. Ironically, I faced similar concerns, especially when working with new patients – I always had to consider the possibility that they had been sent by security agencies to lure me into discussing the regime or even fabricating accusations against me.

3. *Political Intervention in Academic Work:* The oppressive environment extended beyond therapy sessions and into my university teaching. While teaching family counseling, I discussed the concept of «family systems» and their influence on individuals. Students instinctively associated the topic with the political system, interpreting discussions of closed vs. open systems as indirect references to the government.

Later, the department head advised me to avoid using the term «system» in class, suggesting that I replace it with «structure» after security reports accused me of discussing political issues indirectly. This reflected the extent of surveillance even within academic settings.

4. *Intensified Repression During the Syrian Revolution:* With the outbreak of the Syrian revolution in 2011, the regime tightened its security grip on all professional and social activities. Surveillance increased across universities, civil organizations, and media outlets, making any discussion of human rights extremely dangerous. The regime swiftly transitioned from mere repression to overt intimidation and public humiliation. The very mention of its methods of terror – witnessed firsthand by Syrians – evokes a contagious sense of humiliation and anger in anyone, whether a reader or an eyewitness, a specialist or an

ordinary citizen. Students opposing the government were subjected to intimidation and violence by their peers who had been recruited to suppress dissent.

Even the simplest acts of solidarity were criminalized. When some intellectuals and artists signed the «Milk Appeal» petition, calling for the lifting of the siege on Daraa and the provision of food and medicine to civilians, they were arrested and forced to retract their signatures and publicly denounce the petition. This incident illustrates the extent to which political repression permeated every aspect of life.

5. *Life After Leaving Syria:* In 2012, I was forced to leave Syria as arbitrary arrests escalated and multiple security summons were issued against me, accusing me of collaborating with the revolution and organizing coordination groups. Many of my colleagues and students were detained, and some lost their lives. I will not delve into the details of this period, as it might lead me-too far-off course.

However, it is important to note that even outside Syria, feelings of insecurity did not dissipate. Syrian refugees continued to fear expressing their opinions, worried about repercussions for their detained relatives or the regime's reach beyond Syrian borders. This anxiety affected my work with humanitarian organizations, as gaining the trust of detainees' families was challenging due to the ongoing security threats they faced – even in exile.

6. *Syria After the Fall of the Regime:* Today, following the escape of the former regime leader, Syria has entered a new phase. Syrians have experienced moments of optimism, soon overshadowed by anxiety over the possible return of authoritarian rule, political instability, or the persistence of repressive practices. Past and present collective traumas continue to intersect, making psychotherapy in Syria directly linked to the political and security fears of the population.

For years to come, the profession will remain affected by these concerns, given the presence of millions of refugees, displaced individuals, and freed detainees struggling to rebuild their lives amid lingering memories of oppression. As one of my patients once told me after enduring a harrowing detention experience:

«They say I survived – that I should forget and return to who I was before imprisonment. But they don't understand … I am no longer the same person. My body, mind, and heart have changed. Nothing is as it was.»

Final Reflections on Therapy, Resistance, and Transformation: The Psychological Toll of Oppression

Years of navigating life under authoritarian rule have profoundly shaped my understanding of trauma, resilience, and the enduring psychological scars inflicted upon individuals and society. Oppression does not merely constrain freedoms; it infiltrates the psyche, distorting perceptions of self-worth, security, and hope.[4] As a psychotherapist, I witnessed firsthand the ways repression manifests in anxiety, depression, and deeply ingrained patterns of fear. The challenge lay not only in treating these wounds but in finding ways to empower individuals despite the ever-present risks.

Therapy as an Act of Resistance

Providing psychological care under dictatorship was, in itself, an act of defiance. Therapy became a space where individuals could reclaim their narratives, break the silence imposed by fear, and process their pain. The healing journey was fraught with obstacles, whether due to security threats, systemic restrictions, or the self-censorship that many clients had internalized over years of surveillance and coercion. Nonetheless, each

---

4   Cavarero, Adriana. 2011. *Horrorism: Naming Contemporary Violence.* Translated by William McCuaig. New York: Columbia University Press.

successful session reinforced my belief that mental health work carries an intrinsic political significance in oppressive contexts.

Exile and the Changing Landscape of Psychotherapy

Leaving Syria in 2012 marked a painful rupture—both personally and professionally. Exile introduced new dimensions of loss and belonging, as I sought to continue my work while adjusting to a different sociopolitical climate. However, displacement also brought opportunities to explore new therapeutic approaches, collaborate with international networks, and contribute to broader discussions on trauma in conflict zones. In my brief return to Syria in 2025, after the fall of the regime, I was confronted with the profound transformation the country had undergone. The scars of dictatorship remained visible, but so too did the potential for healing and reconstruction.

Looking Ahead: Mental Health and Societal Recovery

Reflecting on my journey as a psychotherapist under dictatorship, I recognize the indispensable role of psychological support in rebuilding societies fractured by repression. Beyond individual therapy, there is an urgent need for collective healing, where communities can process their trauma, reclaim agency, and work toward a future unburdened by fear. The fall of the regime may have marked the end of an era, but the psychological consequences of authoritarianism will require sustained effort to address. As I continue my work, I remain committed to fostering spaces where dialogue, healing, and resilience can flourish in post-dictatorship Syria.

Mouta Barakat

Stefan Blankertz
WHY WAR?[1]
A Gestalt Perspective

Yes, the idea of war has returned anew to thought.
Peter Handke, 2025

Introduction

Why war? Since World War II, there has never truly been peace on Earth. I grew up with images of the wars in Vietnam and the Middle East. Then, terror reached many major cities of Western Europe. In the late 1990s, devastating wars followed the dissolution of Yugoslavia. But above all, the Russian invasion of Ukraine in 2022 made it clear to us that war is still a reality – and that put an end to pacifism. The reintroduction of compulsory military service in Germany is now being debated by people who, just a few years ago, no one would have expected to support it. The supply of weapons to crisis and war zones is no longer a taboo but a widely accepted daily practice. At the same time, the Gestalt therapeutic theory of aggression still carries the stigma of treating the issue of war irresponsibly. It is often dismissed as a relic of the stagnant and stifling 1950s – a product of a pacified and socially immobile era.

In the following reflections, I will begin with a biographical examination of the war experiences of Gestalt therapy's founding figures and their stance on war. I will then illustrate how and to what extent the aggression theory formulated in the foundational work *Gestalt Therapy* (1951) still offers a compelling and unparalleled insight into the psychological and social dynamics of war. With the Gestalt therapeutic theory of

1   Translated into English by Yasemin Oruc.

aggression, we have a unique tool to understand the origins of war and help overcome it.

Fritz Perls, Laura Perls, and Paul Goodman in War

The year 1951 marked the publication of Gestalt Therapy, a book on which Paul Goodman, Fritz and Laura Perls, and other colleagues had worked for about five years. The project had begun immediately after the end of World War II. The 1950s in the United States – and beyond – were shaped by the shock of war. Meanwhile, the Korean War was taking place. Just one figure to show that this was not a harmless regional conflict: within a short period, four million people lost their lives. The onset of the Cold War and the armament with the constant threat of nuclear self-destruction of mankind led to a societal state of shock. Social change and experimentation were nowhere in sight. As the authors of Gestalt Therapy put it, violence and docility were the prevailing afflictions of their time – a concept I will return to.

Fritz Perls and Paul Goodman brought vastly different wartime experiences to their collaboration. Since the American Civil War in the mid-19th century, no war had taken place on U.S. soil. Americans have been spared this aspect of the experience ever since. Yet there was no family that was not affected by the death of a father or son or relative from World War II or the Korean War.

Fritz Perls served as a medic in the First World War and witnessed the worst atrocities, such as gas attacks. Although he volunteered for medical service, it was not out of patriotism or enthusiasm for the war, but to avoid the danger of being drafted into the regular troop. After the war, he assisted Kurt Goldstein in treating (and studying) soldiers with brain injuries. After the war, he assisted Kurt Goldstein in the care (and research) of brain-injured soldiers. When the Second World War broke out, Fritz and Laura Perls were in exile in South Africa. South Africa entered the war on the side of the British Empire and Fritz volunteered for service as a psychiatrist. This time there was no threat that he would be drafted. We can therefore assume that he wanted to play his part in the defeat of National Socialist Germany. War as the lesser evil. The fight against evil as a moral imperative.

And now the mystery begins. Towards the end of the Second World War, Laura and Fritz Perls read essays by the American Paul Goodman, a staunch conscientious objector, and became profoundly inspired by him.

Paul Goodman, born in 1911, was an avant-garde poet before the war, with indeterminate left-wing sympathies and an opponent of U. S. involvement in another European war. As the war drew to a close, he faced the prospect of being drafted. By that time, only a small group of conscientious objectors remained, anarchists and Christian pacifists. Everyone else had accepted war as the lesser evil, as a necessary fight against absolute evil. At that moment, Goodman began writing his first explicitly political essays to clarify for himself whether he should comply with the draft or resist it, facing severe punishment. Side note: He was classified as unfit for military service because he was unruly during the draft. In this way, the American state solved the problem quietly, without producing a martyr.

In Goodman's soliloquies, later published as essays, one searches in vain for analyses of geopolitical or economic interests driving war. He did not even name the warring nations, let alone their political systems or ideologies. Instead, he closely followed Sigmund Freud's ideas. Goodman had studied Freud extensively, originally with a literary interest in exploring the unconscious. Now he found himself in a position to emphasize different aspects of Freud's work.

After the First World War, Freud doubted the fundamentally libidinous, life-affirming character of human beings and recognized an underlying longing for death, even a death instinct. In his most important work by far, *Civilization and Its Discontents* (1930), Freud argued that society and culture must necessarily deny individuals the full satisfaction of certain desires – reducing all desires to the two fundamental forces of sexuality and aggression. The denial of immediate and complete gratification of needs initially serves the fundamental self-interest of each individual, who also has a need for society, culture, or community. However, the denial of needs, which according to Freud is the prerequisite for the existence of any society, intensifies into a web that encircles the individual and suffocates their joy in life. An unease arises in the culture. People now find themselves in a dilemma between necessary denial and a denial that reduces their joie de vivre. Violence – tearing apart the entire social structure – is a psychological escape, which, however, does not lead to the recovery of *joie de vivre*, but to general misery. Freud ultimately finds no answer as to how things could be better, apart from the vague request to somehow bring individual needs and social necessities into a balance, however unstable.

Goodman reversed Freud's analysis, turning it into a criterion for a viable and worthwhile society: a viable and worthwhile society is one that does not need or cause war. He sought to use Freud's notion of cultural discontent as a foundation for a revolutionary anarchist program. The core principle of this program was a total disengagement from war. This pacifist principle was not, for Goodman, a call to passively submit to the rule and wars of those in power. On the contrary, he sought to awaken his fellow citizens to action, engagement, and resistance. His aim was to find other ways of offering resistance than going to war. This is what I call Goodman's «militant pacifism.»

Laura and Fritz Perls had developed a very similar approach in exile in South Africa and, like Freud, used the ostracized concept of aggression for it. They were concerned with preventing the vital and life-sustaining part of aggression from turning into collective aggression, collective aggression as internal oppression and external war. In her legendary 1938 lecture on educating for peace, given in Johannesburg, Laura Perls succinctly stated that suppressing the aggression necessary for fulfilling individual needs ultimately results in collective aggression and mutual destruction.

It was precisely in this theory of aggression and war that Laura and Fritz Perls recognized their intellectual kinship with Paul Goodman. At the same time, Fritz had given another practical answer by volunteering, as mentioned, to serve in the South African military. Not only that, but Fritz also admired Field Marshal Jan Smuts, who, between his terms in the 1920s, had written the book *Holism and Evolution* and was now the President of South Africa as well as a member of the British Empire's War Cabinet. Nevertheless, it should be noted that Fritz Perls was not only familiar with Goodman's anarchist pacifism but was precisely the reason why he sought him out when he came to New York in 1947 and commissioned him to write the planned book to justify the new direction of his own therapy.

Gestalt Therapy (1951): War as Mass Suicide

In the book that was ultimately titled Gestalt Therapy, the theory of aggression plays a central role – an approach that Laura and Fritz Perls on one side and Paul Goodman on the other initially developed independently before refining it together.

The accusation, sometimes even voiced by Gestalt therapists, that the Gestalt therapeutic theory of aggression glorifies aggression and indiscriminate acting out as therapeutically liberating is, in my view, misguided. As in Laura Perls' first formula quoted above, Gestalt therapy's theory of aggression is concerned with the transformation of vital aggression into life-destroying aggression.

Vital aggression is characterized by the fact that it is directed at the disputed object and contains a possible solution. It then has the effect of resolving the conflict. When stating that aggression inherently holds the possibility of resolution,

Gestalt therapy does not assume that conflict parties enter disputes with ready-made solutions and a fixed catalog of demands. On the contrary, fixed demands and pre-set solutions are viewed as neurotic. They never lead to conflict resolution. If they do resolve conflicts at all, the outcome remains unsatisfactory, resulting in a lingering discomfort that ultimately fosters destructive tendencies. Solutions emerge through a dynamic, shared struggle and always take a completely different shape than originally conceived at the onset of a conflict.

In *Gestalt Therapy*, the authors state that psychotherapy should, as a principle, not aim to resolve conflicts – because the conflict itself is not the issue but its premature or misguided attempts at resolution. The authors acknowledge that the view that conflict is a waste of energy is understandable. This view would be correct if one could avoid the conflict or quickly clear it out of the way and move straight on to what was intended. However, the authors counter that this assumption presupposes a person already knows where and how to direct their energy and what good or goal they are pursuing – so that overcoming an opponent's resistance appears as an unnecessary waste of energy.

Against this view, the authors of Gestalt Therapy offer a distinctive perspective on conflict – one that understands it as a specific form of collaboration. This collaboration extends beyond any predefined goals set by either party and leads to the emergence of an entirely new figure. In other words, instead of meeting in the middle between two sets of demands, as the misleading popular saying goes, something new is created in and through the conflict that suits both sides better than if they had prevailed with their demands. Conflict does not merely serve to clear the air; it is the creative process itself. To cut it short or avoid it altogether means missing out on the best possible outcome.

A prerequisite for engaging in conflict as a creative process is genuine interest in each other and a commitment to a good

Stefan Blankertz

result. According to the authors, this is possible if the parties involved in the conflict remain in contact.

Life-destroying aggression, on the other hand, is characterized by the fact that it is directed towards substitute objects and therefore offers no possible solution. You insist on a position and make demands that have nothing to do with your own needs or your own discomfort. The more doggedly and irreconcilably you fight a battle that you cannot win, even if you ultimately emerge victorious from the conflict. Acts of blind aggression or cathartic venting might provide temporary relief, but they carry a tendency to demand ever-increasing doses of the same poison. Eventually, you find yourself in the middle of a war.

Here, we return to the earlier formulation from *Gestalt Therapy*: The most conspicuous afflictions of our time are violence and docility. Let us look at the broader argument in which the authors develop this idea.

On the one hand, they acknowledge the continued presence of inter-state wars, civil conflicts, and violent crime. On the other hand, they describe an unprecedentedly peaceful civil society with a civil order that guarantees a previously unknown level of security. Politically and economically, this is certainly advantageous, but psychologically problematic. Because in order to maintain this state of affairs, any open expression of destructiveness, the will to destroy, anger and a willingness to fight must be suppressed in the interests of civil order. Even the feeling of anger is inhibited or entirely repressed. People, ever reasonable, tolerant, polite, and cooperative, allow themselves to be pushed around. Yet the occasions for experiencing anger have not diminished in any way – quite the contrary. When personal drive is confined to the daily grind of bureaucracy, administration, and monotonous work, it breeds petty conflicts, wounded pride, and minor cruelties. To a small extent, the social structure constantly generates anger, but this can never be released; the great anger, which goes hand in hand with strong self-drive, is repressed. The authors of Gestalt Therapy note that while physical survival is rarely at risk, satisfaction is also rare, and signs of acute anxiety are widespread.

Security in society as a whole is thus contrasted by the confusion and insecurity of isolated individuals, who, faced with overwhelming social structures, authorities, and large institutions, are unable to develop self-confidence. The natural drive toward autonomous action is extinguished. Life is reduced to passive and symbolic acts. Everything is provided for; nothing is left for one to take care of themselves – which also means: nothing can, and nothing may be taken care of independently.

As a symptomatic example, the authors describe how sexual activity remains abundant, yet emotional impoverishment is extreme. Tension constantly builds, but it can only be partially released. And eventually, people stop to recognize the tension at all because they no longer know what they want or how to achieve it, and because the means available to them are obscure and cumbersome.

According to the authors of *Gestalt Therapy*, this unperceived tension becomes unbearable. People interpret the desire for ultimate satisfaction, for orgasm, as a desire for total self-destruction. The impulse to shake things up, to destroy, grows stronger.

So there is reason enough to shake things up, to break them apart. At this point, the public inevitably begins to dream of a global catastrophe, one filled with great explosions, infernos, and electric shocks. And people work tirelessly to make this apocalypse a reality, because they project the situation that enrages outwards. People need to find a remote cause that adequately explains the pressure of anger, which certainly cannot be explained by minor everyday frustrations. It is necessary to have something worthy of the hatred that one has for oneself but does not realize. In short, people fixate on the great enemy. And this enemy, of course, is seen as ruthless and barely human.

In bourgeois life, aggression is deemed antisocial. Fortunately, in war it is good and social. Thus, those who long for destruction, who yearn for catastrophe, wage war against enemies whom they view as both monstrous and irresistibly captivating. The modern mass-democratic army is perfectly suited to these popular needs. It provides the personal security that bourgeois life lacks. It enforces submission to personal authority without demanding anything of one's inner self – for one is nothing more than a small part of the collective. It takes away one's job and home, where one fails anyway and has no fun; it brings out the efforts one makes to live out one's sadism much more effectively, and leads to a masochistic debacle. People see the catastrophe approaching. They hear rational warnings and take all the steps that reasonable politics allows. Yet their energy to flee or resist is paralyzed – or the danger itself is too captivating. They are driven to end the unbearable situation. They are obsessed with mass suicide – one that resolves all problems without leaving behind any personal guilt. The pacifist counter-propaganda is worse than useless. It solves nothing and only increases personal guilt. It is astonishing that this analysis was written in 1951 – because, as I see it, it remains just as relevant today as it was 75 years ago.

When I introduce the Gestalt therapeutic theory of aggression in training groups, one recurring question arises: Wouldn't it be less ambiguous to use different terms to distinguish between life-affirming aggression and life-destroying aggression? In my opinion, this would blur the uniqueness of Gestalt therapy's theory of aggression. The fundamental issue with aggression is precisely that life-affirming aggression can turn into destructive aggression. It is the same energy – yet directed in one case toward vitality and zest for life, and in the other toward contempt for life.

Goodman's Conscientious Objection
to Military Service

As far as I am aware, Paul Goodman's refusal to serve in World War II has never been subjected to critical appraisal. I attempt to do so here by drawing on a specific debate that took place in Germany in the 1980s – namely, the accusation that pacifism had made Auschwitz possible.

On June 15, 1983, Heiner Geißler, then Secretary General of the CDU and Federal Minister for Family Affairs, stated during a parliamentary debate with the Greens – who were still a pacifist party at the time – that the pacifism of the 1930s had made Auschwitz possible in the first place. His remark caused an uproar in parliament and was met with widespread criticism. Geißler defended himself, clarifying that he had not been referring to the pacifism of concentration camp inmate Carl von Ossietzky, but rather to the pacifist movements in France and England, which had encouraged a policy of appeasement toward the Nazis. This appeasement, he argued, emboldened Hitler to invade other countries and escalate his racist policies to the point of mass murder. Peace activist Stefan Philipp condemned this argument as outrageous, insisting that Auschwitz was entirely and solely the responsibility of the Germans.

Philipp's explanation, in turn, is hardly convincing. Evil can only develop if it is not resisted. Of course, Auschwitz was the sole responsibility of the German state. Nevertheless, a legitimate question is whether and in what way the Holocaust could have been prevented from outside. Indeed, in England, France, and the United States, there were strong political forces determined to avoid another pan-European war at all costs – forces that, as mentioned earlier, included Paul Goodman. The acquiescent attitude towards Germany was encouraged by the guilty conscience of the victors in the First World War that the Treaty of Versailles had been a humiliation for Germany and that there was a certain justification for wanting to correct it.

Let's be clear: compliance with evil can be cited as one of the reasons why evil is spreading, even though Jesus called on us not to resist evil. A politician who speaks for a party that calls itself Christian should at least give this a thought and explain to us how the two go together.

But is it right to characterize pacifism as «compliance» or as an attitude that does not resist evil? That would be a reduction of pacifism. Pacifism can certainly be militant, and this is how I understand Goodman. The means of choice for this struggle are certainly not guns and bombs.

Let us now move on to the counter-attack. Because what the Geissler statement leaves open is the question of when and by what means England and France should and could have taken action against Nazi Germany before the fall of 1939, if pacifists had not prevented the two states from doing so. Incidentally, this was at a time when Jews and other ethnic, religious and political dissidents were being persecuted and killed in Germany, but the horror of the Holocaust had not yet unfolded. In contrast, the Holodomor had already taken place in the Soviet Union, and mass executions, deportations to camps and forced resettlements were commonplace without any foreign power thinking of intervening.

To my knowledge, no one has attempted to answer the question of when and how England and France, with sufficient public support, could or should have intervened to stop Nazi Germany. The restraint of England and France is not at all due to pacifism, but to international law and the indisputable condition of peace formulated by Immanuel Kant, which forbids interference in the internal affairs of another state.

Furthermore, let's not forget that at the outbreak of World War II, both England and France were colonial powers that committed unimaginable crimes of violence in their colonies. I have already mentioned the violent crimes committed in the Soviet Union, which became part of the Allies in 1941. In the end, one must acknowledge that this was not a war of good versus evil. It was a war of evil versus evil.

Presumably, if England and France had been sufficiently armed in 1933, an attack on Germany could have led to a swift victory, as Germany was not yet equipped for war at that time. But on what principle could such an attack have been justified? The principle would have to be: As soon as something happens in a neighboring country that I disapprove of, I have the right to intervene militarily. It is obvious that such a principle would inevitably lead to an immediate and all-encompassing war.

By the same logic – the right to intervene militarily whenever something in a neighboring country is deemed unacceptable – one could argue that an intervention by Western democratic states or colonial empires in Russia after the October Revolution of 1917 could have prevented the crimes of Stalinism. Certainly, these states were quite exhausted towards the end of the First World War, but so was Russia. Especially with the support of the USA, they might have been able to prevail in Russia.

Or not? This question reminds us that it is not only a question of whether the plan for intervention is morally justified, but also whether it can be won militarily. Morality alone achieves nothing. Any nation acting rationally will refrain from attacking a power against which it is too weak, no matter how evil that power may be. Anyone who wants to be prepared for morally justified military action must arm themselves until they are capable of matching the strongest force on Earth. But in doing so, they will inevitably commit countless injustices along the way. And once they have reached that point – will they still remember the moral principles that initially guided them? If they enter a war for the sake of good, will they restrain themselves when their evil opponent is willing to commit any atrocity to win? And if they adhere to their moral code and ultimately lose – what, then, was the purpose of all the sacrifices made along the way?

Those who remain in the paradigm of war can forget morality.

Stefan Blankertz

To conclude, a poem by the Chinese Daoist Ruan Ji, who lived from 210 to 263, from his cycle *Poems on My Emotions*, in my own free adaptation:

> learned to shoot as boy
> mysterious talented, beat great foes
> the tabloids praised the hero
> my name ran far ahead
> forged my blade in desert
> soaked horses in wildermess
> the flag, the flag head-off
> marched to beating war drums
> drunken troops now sadden me
> sadden me now when I
> look back on former times
> I repent and I recant

Willi Butollo, Marion Krüsmann, Maria Hagel
LIFE AFTER TRAUMA[1]
On the Therapeutic Handling of Horror

Collective Trauma

The psychology of trauma has primarily examined the impact of shock experiences on individuals, and to some extent, the consequences these experiences may have for family members or others in their immediate social environment. In a broader sense, one might speak of a specific form of bystander trauma: family members experience the injury, humiliation, or loss of a loved one.

However, when the traumatic impact vastly exceeds individual experience – in terms of the number of people affected, as well as the frequency, intensity, and duration of events – collective traumatization is likely to occur. Entire communities or even entire peoples may then display psychological responses to trauma that are initially unrecognizable or difficult to name. [...]

The literally unspeakable horror of the mass murder of Jews and other minorities in Nazi Germany triggered a chain reaction of collective trauma – both among the descendants of the victims and those of the perpetrators.

In the latter case, shame emerged as a dominant emotion,

1   **Aus:** Willi Butollo, Marion Krüsmann, Maria Hagel, *Leben nach dem Trauma. Über den therapeutischen Umgang mit dem Entsetzen.* 1998. Mit freundlicher Genehmigung der Autoren als Vorabdruck einer Neuauflage und Übersetzung ins Englische, die wir im Rahmen des InKontakt Instituts planen. Translated into English by Yasemin Oruc.

Willi Butollo   **93** especially across generations – provided they were (or are) psychologically strong enough to face the horror on an emotional level.

Dan Bar-On set out to explore the psychological consequences on both sides. Not only did he find that the collective silence in Germany and Austria cannot be explained solely by a disregard for what had happened, as is sometimes accusingly assumed from the Israeli side. No – the magnitude of the shame these crimes still evoke today, and will likely continue to evoke in future generations, is simply too overwhelming to bear. It may require the psychological resilience of multiple generations to be able to collectively face and acknowledge what occurred.

And while we are still struggling to come to terms with the Nazi era, something disturbingly similar is unfolding practically on our doorstep – not in terms of numbers, but in terms of the moral abyss between human beings that opened up. Once again, it would be wrong to stigmatize an entire nation. These atrocities are carried out by individual human beings. They rose to power and held onto it through violence, taking advantage of a temporary and chaotic political vacuum. It is not this or that nation that is inherently aggressive or destructive – it is, in every society, individuals who kill, torture, and abuse. We must learn to acknowledge that the horror is of our own making. Projecting it outward – onto a people, a political party, a religion – is nothing more than a cheap dissociative maneuver by those unwilling to recognize the potential for such actions within themselves.

They are the ones who keep this danger alive – after all, have there ever been perpetrators of genocide who didn't believe themselves to be superior to their fellow human beings?

The following impressions, drawn from several of my trips to Bosnia during and after the war – some of which have been published elsewhere – are presented here in excerpted form. They are intended to shed light on what is meant by «collective traumatization»: the collapse of trust in the impact of one's own actions and planning; a narrowing of focus to survival-oriented tasks; extreme vulnerability to stress within social systems and a tendency toward authoritarian-hierarchical forms of organization; withdrawal from constructive political engagement; numbing of unresolved injuries through substance abuse (medication, alcohol, nicotine, etc.); collective sarcasm and pessimistic views of the future; and deep mistrust in the state and political institutions. [...]

Systemic Uprooting and Adolescent Grandiosity

To begin with, we must consider that soldiers are often deliberately shaped and trained by military structures to intensify their ordinary «Rambo fantasies» – even to the point of ecstatic states of consciousness. Using certain principles of brainwashing, they are conditioned to develop the illusion that their unit is immortal. [...]

Trauma then acts to fixate this grandiosity – an attitude that is originally quite normal in adolescence but reinforced through indoctrination – and thereby hinders its integration into more mature processes of self-development. Trauma experienced during adolescence or early adulthood can thus cause lasting disruptions to psychological maturation, which later become difficult to repair. The goal of therapy, then, must be to reopen the possibility of maturation by helping the individual gradually confront a new reality and, in painful but manageable doses, come to terms with the limitations of their own power. This therapeutic work supports the development of a stable sense of self and the ability to pursue realistic life goals. [...]

Van der Kolk also notes that the bond with close combat companions often takes the form of a confluent connection – as if the comrade functions more as an extension of the self rather than as an independent other with whom a mature relational exchange could occur. The death of a companion is therefore felt less as a loss and more as an injury to one's own self. [...]

Post-traumatic narcissism, of course, doesn't make therapeutic work any easier. Those affected often display personality
traits marked by a sense of entitlement. They are hard to satisfy,
irritable, prone to anger, and subject to explosive outbursts. At
the same time, they tend to locate the source of their problems
in others rather than within themselves. [...]

Physical Health and Collective Trauma

As with all trauma-related issues, one of the main challenges is
motivation for therapy and the individual's insight into their
illness. Traumatized individuals suffer – if at all – from physical strain and illness, but would not recognize their psychological problems as trauma-related. At best, they view them as a re-
sponse to current adverse life circumstances. Trauma, after all,
also diminishes self-awareness, introspection, and the ability to
sense one's own psychological and physical needs. The body's
and psyche's capacity for self-regulation seems, somehow, to be
out of order.

Trauma acts like a numbing agent – often intensified by
substance abuse. The strain on the body, however, is not ac-
tually reduced – only the perception of that strain is, somehow,
switched off. Given this underlying defensive stance, therapy
is rarely pursued. What's needed is comprehensive psycho-
education about the connections between trauma and its impact on the body and psyche – about typical illnesses and the
risk of responding to seemingly minor triggers with depression,
anger, or despair.

Above all, it is essential to raise public awareness of the link
between traumatic experience and trauma-specific symptoms,
including defensive reactions.

Conditions and Possibilities of Post-Traumatic Contact

What has gradually emerged are the interdependencies
between individuals and their environment. Anyone living in
a harsh or hostile environment will somehow have to adapt

in order to survive. As we briefly mentioned earlier, these dependencies were already explored by Gestalt psychologist Kurt Lewin in his theory of the «life space», both conceptually and through empirical research.

Alongside Lewin's field theory, also known as the theory of life space, a number of other concepts have been touched on or explored throughout this text. What they all share is a common foundation in the developmental trajectory from Gestalt psychology to Gestalt therapy. Martin Buber's philosophy of dialogue, Fritz Perls' experiential approach to therapy, the Gestalt laws of perception, and many of the theoretical assumptions discussed earlier – as well as the therapeutic approaches presented here for working with trauma – are largely based on Gestalt therapy, and thereby on Gestalt psychology.

For this reason, this chapter offers a brief overview of both traditions. However, we will focus specifically on those concepts which we consider to be particularly relevant to the topic of working with trauma.

The Dialogical Attitude

In Gestalt therapy, the dialogical principle holds that the quality of the relationship between therapist and client may be the most essential aspect of the therapeutic process. This relationship is shaped by the fundamental word pairs I-It and I-Thou.

Existential dialogue is grounded in an attitude of mutuality – a reciprocal relationship characterized by warmth, acceptance, personal responsibility, and support.

Martin Buber's «dialogical principle» emphasizes that for human relationships to be truly human, they must be grounded in a deep, mutual affirmation of each person's being. This means that to encounter one another with respect, we must be willing to recognize and honor difference – including differences in opinion. Dialogue partners should seek to meet in a space spacious enough to support their differences – to allow for growth and creative adjustment. Traumatized individuals often struggle precisely with their ability to make and sustain contact – not only following trauma caused by human actions. They often approach us with fear and mistrust, retreat inward at the first sign of contact, difficult to reach or engage. To respect this boundary, while at the same time communicating genuine interest and presence – being open to their wounds without demanding their disclosure – is, in our view, a stance that arises from the dialogical attitude itself. It is particularly essential in therapeutic work with people affected by trauma.

Organismic Self-Regulation

Organismic self-regulation usually unfolds effortlessly, in the natural flow of life. However, if this process is disrupted over an extended period of time, the organism's capacity for self-regulation may enter a kind of freeze state. In such a state, the organism may continue to maintain its basic functions, but many needs can no longer be properly perceived, acting on them becomes increasingly difficult or inhibited, and development stagnates.

These assumptions lead directly to the central aim of therapy: Through contact and support, the goal is to restore the ability to sense and respond to the organism's emerging needs. This process of fulfillment unfolds at the ego boundary, also called the contact boundary.

Contact at the Boundary

A dysfunctional environment, then, leads to a fragmented or disrupted structure of the self, a lack of supportive background, and ultimately impairs contact – resulting in disturbances in how experiences are integrated and organized. Such disruptions may show up in therapy both in the client's way of making contact and in the form of symptoms or psychological complaints.

This process of diminished contact capacity becomes especially clear in the aftermath of trauma, where individuals often experience their environment as radically dysfunctional and destructive.

Kurt Lewin and Field Theory

Field theory teaches us that both psychological and physical states cannot be understood as a linear sequence of events unfolding one after another. Rather, they reflect a kind of balanced – or precarious – equilibrium within our life space, shaped by a multitude of simultaneously interacting elements.

This balance must be continually rediscovered, adjusted, and redefined in each moment. Significant disruptions or deviations from this balance create irritation and trigger compensatory responses. […]

In therapy, it is always the client's experience and behavior that matter – not the therapist's understanding of reality. What counts is the currently shaken trust in the world and in human connection – the lost sense of balance in the here-and-now, shaped by acute figures of subjective reality. It's this reality that must be acknowledged, even if it differs so much from our own that we need to ask for it to be described and explained.

In working with trauma-related effects, it is essential to listen, to perceive other realities, and to accept them. This holds especially true when treating people who have been torn from their own culture by acts of torture or war, and who are now receiving care within ours. In such cases, it becomes particularly clear how important it is to ask:

«What did you do in your world to feel safe – or unsafe?» and «What do you need in your life to feel safe now?»

DIE BEITRAGENDEN ZUR TAGUNG

Vorträge

Mouta Barakat, 1960 in Damaskus geboren, promovierter Psychologe (Poznan, Polen), Gestalttherapeut (Karakow Institut); Traumatherapeut (PCPI – Praofessional Counselling & Psychotherapy Seminars Ireland), in Zusammenarbeit mit der Universität Minnesota, Fachbereich Familien und Sozialwissenschaften Online-Trainings: *Understanding and Applying Ambiguous Loss.*

Gabriele Blankertz, 1964 geboren, Diplom-Pädagogin, Gestalttherapeutin DVG, seit 2000 Gestalt-Praxis in Berlin, Gruppen und Weiterbildung in Gestalttherapie und -beratung, Gründung des Berliner Gestaltsalon und Aufbau des InKontakt Gestaltinstitut Berlin seit 2015. Seit 2016 engagiert in der Arbeit mit geflüchteten Menschen aus Syrien, Aufbau der Gruppe «Circle of Peace» und Durchführung von Dialog-Weiterbildungen in Arabisch/Deutsch. Veröffentlichungen dazu in Deutsch und Englisch. Internationale Vernetzung und Kooperation.

Stefan Blankertz, 1956 geboren, promovierter Soziologe, habilitierter Erziehungswissenschaftler, Veröffentlichung u. a. zur Theorie der Gestalttherapie; 20 Jahre Theorie-Trainer am Gestaltinstitut Köln, 2012 Mitgründer des Berliner Gestaltsalon und Mitwirkender am InKontakt Gestaltinstitut Berlin als Theorie-Trainer.

Lidia Chylewska-Barakat, Psychologin, Psychotraumatologin, Trainerin und Supervisorin mit privater Praxis in Torún; Lehrbeauftragte an der Nicolas Copernicus Universität in Torún, Polen. Sprachen: Polnisch, Englisch, Arabisch, Russisch und Deutsch.

Nicole Félicia Brémond, 1959 geboren, arbeitet als bildende Künstlerin, Dozentin für Zeichnung und Malerei, klinische Kunsttherapeutin und Gestaltberaterin sowie Heilpraktikerin für Psychotherapie; sie ist zertifiziert in Psychodynamischer Imaginativer Traumatherapie (PITT) und Kunsttherapie bei Prof. Dr. Luise Reddemann. Aktuell ist sie in einer zertifizierten Weiterbildung für prä-und perinatale Psychotherapie/Traumatherapie unter Einbeziehung integrativer Kunst- und Körpertherapie bei Klaus Evertz. Seit 1991 Praxis des Zen-Weg, ordinierte Soto-Zen-Nonne (1098) von Zen-Meister Ludger Tenryu Tenbreul. Sie lebt und arbeitet in Berlin.

Benjamin Graham. Gestalttherapeut (M. Sc. Metanoia Institute, UCKP reg.) in privater Praxis in Berlin. Nach Abschluss seiner Ausbildung im Jahr 2018 kehrte er 2019 als Assistenzdozent für Gestalttherapie an das Metanoia Institute zurück und arbeitete dort bis 2021. Er hat an Workshops mit Peter Phillippson, James Kepner und Michael Clemmens zu verschiedenen Themen der Therapie teilgenommen sowie an Online-Weiterbildungen zur Traumaarbeit bei Peter Levine und Janina Fisher. Ben hat ein besonderes Interesse an der phänomenologischen Philosophie und daran, wie die Gestalttherapie diese Tradition auf radikale Weise weitergeführt hat. Er hat ein Paper zur Phänomenologie der Phobie mitverfasst, das auf der Existential and Phenomenological Theory and Culture Konferenz 2021 präsentiert wurde. Als Migrant nach Deutschland und Sohn amerikanischer Migranten im Vereinigten Königreich interessiert er sich auch für Themen wie Migration, Heimat, Geschichte und Authentizität.

Alex Neumann. Alex ist Gestalttherapeutin, Supervisorin, systemische Paartherapeutin und Coach und arbeitet derzeit in privater Praxis und bei einem öffentlichen Träger in Berlin. Sowohl in ihrer Arbeit in der Startup Welt, als auch im öffentlichen Gesundheitssystem in England und in Deutschland, richtet sich ihr Fokus immer wieder auf die (Unternehmens-)

Kultur, die gesellschaftlichen und familiären Erwartungen, die uns alle formen und oft unbewusst und unbemerkt auf uns einwirken. Dieses Unsichtbare sichtbar und spürbar zu machen und damit wieder mehr Möglichkeiten zu entdecken, wie wir uns selbst helfen können, ist eines ihrer Interessensgebiete. Hierzu bietet sie verschiedene Workshops an.

Birgit Schönberger, 1963 geboren, Politikwissenschaftlerin M. A., Journalistin und Gestalt-Coach DVG, Gestaltcoaching-Praxis in Berlin seit 2010, Führungskräfte-Coaching, Teamcoaching in Organisationen. Zahlreiche Veröffentlichungen zu Persönlichkeitsentwicklung in «Psychologie Heute» sowie weiteren Zeitschriften. Seit 2009 intensive Zen-Praxis, zehn Jahre als Schülerin von Zenmeister Hinnerk Polenski, seit 2019 Fortsetzung des Zenweges mit Zenmeister Jeff Shore, Leitung und Begleitung zahlreicher Einführungsseminare und 7-Tage-Sesshins.

Organisation

Yasemin Oruc, Assistentin des Instituts; ausgebildete Gymnasiallehrerin für Englisch und Sport mit Schwerpunkt Tanzpädagogik. Unterrichtserfahrung an verschiedenen Schulen und in unterschiedlichen Bundesländern. Langjährige Praxis in der sportpädagogischen Arbeit mit Kindern und Jugendlichen. Im Institut in der organisatorischen und administrativen Unterstützung und der Öffentlichkeitsarbeit tätig.